Gabriele Tergit

Der glückliche Gärtner

Geschichten von Blumen und Gärten

Schöffling & Co.

Erste Auflage 2015

Einbandfoto: Paeonia Hybride ›Red Charm‹ –
Edel-Pfingstrose
Foto: Marion Nickig
Satz: Fotosatz Amann, Memmingen
Druck & Bindung: CPI Moravia
ISBN 978-3-89561-650-1

www.schoeffling.de

Der glückliche Gärtner

Inhalt

Ein Leben für Veilchen und ein Tod wegen einer Kamelie

Das 18. Jahrhundert war eine eigenartige Zeit. Fast ebenso grauenhaft für die Masse der Menschen wie die vorhergehenden Jahrhunderte, war es unvorstellbar verfeinert in Dingen, die Einzelne genossen.

Während 1715 ein Drittel der französischen Bevölkerung, sechs Millionen Menschen, an Hunger weggestorben waren, während 1779 Bettlerströme durch Frankreich zogen – und nicht nur durch Frankreich; in München zum Beispiel waren von 60 000 Einwohnern 2600 Bettler –, während in allen Armeen unvorstellbare Grausamkeit herrschte, während in England die beginnende Industrialisierung mit Kinder- und Frauenarbeit ihren ganzen Schrecken verbreitete und ganz langsam und leise mit Watts Dampfmaschine die immer noch anhaltende Vermehrung des Reichtums der Erde begann, konnten Einzelne es sich leisten, nur für ihre Gefühle zu leben.

Da ist die berühmte Veilchenliebe des *Ancien Régime*, des vorrevolutionären Frankreich. Ein Rokokoherr, der eine Schauspielerin verehrte, beschäftigte sich mit nichts, mit gar nichts anderem als der Veilchenzucht, damit er dreißig Jahre lang seiner Geliebten täglich einen frischen Veilchenstrauß bringen konnte. Und damit nichts von dieser kostbaren Gabe, der ein Mensch sein ganzes Leben widmete, verloren gehe, brach sie ihrerseits die Blumenköpfchen ab und genoss sie jeden Abend als Veilchentee.

Oder da ist der Tod des Lord Petre aus Gram über den Verlust einer Kamelie. Die Heimat der Kamelie ist Japan, wo es rote, weiße, gesprenkelte, doppelte und einfache Kamelien an einem Stamm gibt, der 15 bis 20 Fuß hoch wird. Ein Jesuitenpater aus Brünn, Georg Joseph Kamel, hat sie Mitte des 18. Jahrhunderts aus Japan oder von den Philippinen, jedenfalls aus dem fernen Osten, mitgebracht, und Linné nannte sie nach ihm Kamelie.

Georg Joseph Kamel hielt nach seiner Rückkehr 1738 in London in der *Royal Society* einen Vortrag über Manila und verkaufte zwei Kamelienstauden an Lord Petre. Lord Petre brachte sie in sein Schloss Thornden-Hall, wo der Gärtner sie aus Unkenntnis ins Treibhaus setzte und zu Tode kultivierte. Lord Petre wollte den Tod der Kamelien nicht überleben. Es soll ihm darüber das Herz gebrochen sein, und er starb. Der Gärtner aber, ein robusteres Geschöpf, gründete 1740 eine eigene Gärtnerei. Dort versuchte er es noch einmal. Die Kamelie gedieh und wurde zur Mutterstaude aller englischen Kamelien.

Der Stifter der *Société Royale d'Agriculture* in Gent zog die ersten roten Kamelien. Er war ein seltsamer Blumenfreund, denn er hütete die rote Kamelie wie ein Geheimnis. Aber andere Blumenfreunde in Gent bekamen sie seit 1808 aus London. Im gleichen Jahr schickte Napoleon zwei Handelsschiffe nach London, und ein Genter Kaufmann benutzte die Gelegenheit, um von London seinem Freund de Herdt in Paris eine weiße und eine rote Kamelie zu schicken. De Herdt übergab diese kostbaren Pflanzen der Kaiserin Josephine als Zeichen der Erkenntlichkeit des Genter Handels. 1809 schickte de Herdt noch mehr Pflanzen nach Malmaison an Josephine. Die Blumen gediehen prächtig. Noch 1875 hatte der Gärtner Courtois in Paris Kamelienbäume von 25 Fuß Höhe, die aus dieser Sendung stammten. Als die Urstämme nach Josephines Tod verkauft wurden, brachten sie 20 000 Francs ein.

In Deutschland wurden die ersten Kamelien schon in der zweiten Hälfte des 18. Jahrhunderts in Schwetzingen gezogen. Im Übrigen sah die Kamelie einer glänzenden Zukunft im 19. Jahrhundert entgegen.

Zu den großen Blumenfreunden und Liebhabern des Daseins gehört auch Goethe, der immer Veilchensamen in seinen Rocktaschen trug und auf seinen Spaziergängen um Weimar verstreute, um so zur Verschönerung der Welt beizutragen. Es gehört dazu der Franzose Alphonse Karr, ein Witzbold, der seinen Spaß mit der Botanik trieb. Er führte Goethes Verschönerungsidee weiter und säte doppelte Mohnblumen oder veredelte Nelken in wilden Gegenden aus und pfropfte auf Heckenrosen edle rote und weiße und gelbe Rosen und auf wilde Quittenbäume die besten Birnensorten. Und er lachte bei dem Gedanken an die gelehrten Aufsätze, die künftige Botaniker über diese Entdeckungen loslassen würden, und freute sich über die schönen Blumen, die das Land bedecken würden.

Die Arbeiterblume

Während Blumen aus den Gärten der großen Leute verbannt blieben, entwickelte sich in einer völlig anderen Schicht ein Blumenbetrieb, fast ein halbes Jahrhundert lang, vom Ende des 18. Jahrhunderts an. Es war die Schicht, über die eines der folgenreichsten Bücher aller Zeiten geschrieben wurde, nämlich Friedrich Engels' *Die Lage der arbeitenden Klasse in England.* »Arbeiterblumen« waren ganz bestimmte Blumen, die nur von Arbeitern gezogen wurden. Der Engländer Henry Philipps beschrieb 1824 die feinen Blumen, die geeignet waren, das Parterre der großen Besitzungen zu zieren. Von Zeit zu Zeit schrieb er: »... sank zu einer Handwerkerblume herab.« Er meinte dann die Blumen, auf die sich die Arbeiterschaft prinzipiell beschränkte.

Schon ganz früh heißt es in einem Buch: »Aurikeln, Anemonen, Hyazinthen, Tulpen, Ranunkeln,

Nelken und Primeln wurden in großem Stil von den Arbeitern in Lancashire gezogen.« Was!, denkt man, die Arbeiter von Lancashire, Kinder- und Frauenarbeit und sechzehnstündig noch dazu, alles was hingeführt hat zu mehr als einer Revolution – und dann das! Denn gezogen hieß ja nicht gepflegt, sondern entwickelt, Züchtung neuer Sorten.

Angefangen hatte es mit den flämischen Webern, die zur Zeit der Königin Elizabeth nach England flohen. Sie brachten ihre Samen und Tulpenzwiebeln und Ranunkelwurzeln mit. Diese flämischen Weber siedelten später in die großen englischen Textilindustriegebiete über, wo sie noch lange eine ziemlich geschlossene Gemeinschaft bildeten. Inzwischen entwickelte sich ganz allgemein eine Blumenzüchterleidenschaft unter den Textilarbeitern. Sie bildeten Blumenzüchterklubs und Blumengesellschaften. Sie veranstalteten ganz regelmäßig Blumenausstellungen mit Preisverteilung. Die Preise von vierzig Pfennig bis zu zwei Mark fünfzig waren nicht hoch für monatelange Mühe, selbst für Leute, die in der Woche etwa 20 Mark verdienten. Allen diesen Klubs war schon 1792 strikte Beschränkung auf die vorhin erwähnten Blumen gemeinsam. Später kam die Studentennelke und viel später das Stiefmütterchen hinzu. Die Arbeiter zogen nicht nur ausstellungsreife Blumen, sondern sie versuchten, durch sorgfältige Kultur und planmäßige Befruchtung neue Sorten zu ziehen.

Die Aurikel war die beliebteste Blume, und die Arbeiter erreichten eine hohe Qualität. Bei der Tulpe hielt man fast zwei Jahrhunderte nach der Tulpenwut an den geflammten und gefederten Tulpen fest, die den Gegenstand der Tulpenwut gebildet hatten, und die allein auf holländischen Stillleben zu sehen sind. Unsere heutige Vorliebe für schöne einfarbige Tulpen war unbekannt. Sehr berühmte Sorten wurden 1850 bis 1860 von Tom Storer, einem Lokomotivführer in Derby, gezogen. Viele Klubs beschränkten sich auf die Zucht ungefüllter Nelken, so zum Beispiel in Paisley, wo die ungefüllte Nelke mit einem gezackten Rand entwickelt wurde. Der Paisley Klub traf sich vom ersten Blühen der Primeln bis zum Verschwinden der Nelken an jedem Donnerstag. Der Mitgliedsbeitrag betrug zwei Mark im Jahr. Der Preis für die beste Blume war hier eine Schaufel oder ein Rechen oder ein Spaten oder ein anderes Handwerkszeug. In Paisley wurden in den Fünfziger- und Sechzigerjahren des 19. Jahrhunderts die sogenannten türkischen Schals gewebt, offenbar nicht nach vorgeschriebenen Mustern, sondern die Arbeiter erfanden die Muster selbst, ein beachtlicher Unterschied! Geoffrey Taylor erzählt, dass die Weber von Paisley viel lasen, Gedichte schrieben und Tauben züchteten. Sie gaben viel Geld für neue Blumensorten aus, und da, wie jeder weiß, Gärtnern eine Leidenschaft ist, so wird die Geschichte von dem Arbeiter, der 1847 bei starkem Frost seine armseligen Bettdecken auf seine Tulpen legte und sich dadurch einen frühen Tod holte, nicht einzig dastehen.

Die Blumenzüchtervereine gaben eine Zeitung heraus. Sie erreichte im Jahre 1836 zehntausend Abonnenten, trotz des sehr hohen Preises von sechzig Pfennig für wenige Seiten und eine einzige Abbildung.

Auch das Stiefmütterchen wurde von den Arbeitern entwickelt, und zwar nach den strengen Regeln, die 1841 von der Stiefmütterchengesellschaft aufgestellt wurden. Diese Stiefmütterchen wurden nach Frankreich und Belgien gebracht. John Salter, von dem wir noch bei der Fuchsie hören werden, sah sie 1847, und da er nicht an die strengen Regeln des Arbeiterklubs gebunden war, begann er, sie zu verbessern, was der Anfang zu unseren heutigen, enorm fetten Stiefmütterchen war.

Noch 1875 heißt es in einem deutschen Buch: »Niemand hat bessere Blumenexemplare erreicht als die Weber und Bergleute von Lancashire in den Fünfzigerjahren des 19. Jahrhunderts.« Es wird später betont, dass die Entwicklung neuer Sorten der sogenannten »Arbeiterblumen« nicht mehr auf die niedrigen Klassen beschränkt war, aber »leider hatten die Gärtner nicht die Erfahrung der Arbeiter«. Im Allgemeinen verringerte sich die Zahl der Blumenvereine nach den Vierzigerjahren. Die kleinen Gärten wurden überbaut, und die Industriedörfer, wo man sich untereinander kannte, hörten auf zu bestehen. Aber noch heute hängt in manch einem Wirtshaus ein vergilbtes Gruppenbild von bärtigen Männern im schwarzen Sonntagsrock, eine Glocke auf dem Kopf, mit ihrem Geistlichen in der Mitte, das am Preisverteilungstag der Aurikelgesellschaft des Ortes aufgenommen worden war.

Diese Blumenliebe war keineswegs nur auf die englischen Textilarbeiter beschränkt. Die Bergarbeiter in Belgien begossen ihre Nelken mit ihrem Waschwasser, in dem viel Kohlenstaub war, was den Nelken besonders gut bekam. Auch die Arbeiter der Tuchfabriken in Verviers waren besonders gute Nelkenzüchter.

Der Garten des 19. Jahrhunderts

Um 1800 hatte man in England schon genug von der »regellosesten Lizenz«, so wie man vorher genug hatte von der »härtesten Knechtschaft«. Zur gleichen Zeit, als Schiller seinen Artikel schrieb (Schiller: *Gartenkalender auf das Jahr 1795*), propagierte Mr Repton in England die Wiedereinführung der blumengeschmückten Terrasse gegen künstliche Hügel und Seen. Man begann wieder, den Garten, als Fortsetzung des Hauses, vom Park zu trennen.

Fürst Pückler-Muskau schuf in diesem Sinne um 1834 den vollendetsten englischen Landschaftsgarten in Deutschland, und zwar gestaltete er die Natur nach Gemälden, genau wie hundert Jahre früher die Engländer, genau wie fünfzig Jahre früher Rousseaus Freund, Graf Girardin, sein Ermenonville nach Bildern gestaltet hatte, die er in Auftrag gegeben hatte. Pückler-Muskau beauftragte den Maler Schirmer, Landschaften zu malen, die er als Vorbild benutzte. Auch die Gartenanlagen in Potsdam wurden von Lenné – nach dem übrigens 1850 die *Magnolia lennei* benannt wurde – im englischen Landschaftsstil gehalten, während Schinkel 1835 mitten hinein Schloss Charlottenhof baute, umgeben von einem Garten, der nach der Beschreibung von Plinius' Hippodrom angelegt war.

Inzwischen machte Repton den Versuch eines Kompromisses zwischen der Grandeur von Le Notre und dem Charme von Brown. Er brachte den Küchengarten wieder ans Haus, aber die Überfüllung der Gärten mit Besonderheiten hörte nicht auf. Repton schlug für einen einzigen Besitz vor: »In einem romantischen Tal einen heiligen Brunnen, einen Mönchsgarten, einen Garten voll exotischer Bäume, einen Magnoliengarten, ein Teppichbeet, eine Grotte, einen Rosengarten mit Fontäne.«

So begann der verworrene Garten des 19. Jahrhunderts, in dem der Kiesweg aufkam, der jeden Garten kreuz und quer zerschnitt, bis alles in kleinste Teile aufgelöst war, in dem auch der Rasen für Blumenbeete zerschnitten wurde, für die Nieren, Kreise und Sechsecke besonders beliebt waren. Das war natürlich kein Zufall, hatte aber wenigstens nichts mit Weltanschauung zu tun, sondern viel realere Gründe.

Seit der Mitte des 18. Jahrhunderts war eine Fülle herrlichster Blumen nach Europa gekommen. Jeder amerikanische Plantagenbesitzer hatte einen Vertreter in London, der Möbel, Porzellan, Tapeten und Stoffe für ihn einkaufte, und dem er amerikanische Pflanzen schickte. Ein Vertreter allein führte 150 verschiedene amerikanische Pflanzen in England ein. Später schickten die großen englischen Gärtnereien botanische Expeditionen aus. Wichtig dafür war die Entdeckung eines Mr. Ward in London, die er einem Zufall verdankte. Er hatte ein Insekt mit etwas feuchter Erde in einer verkorkten Flasche aufbewahrt. Als er nach einiger Zeit die Flasche wieder ansah, entdeckte er, dass ein Farn entstanden war, den er sonst nie zum Wachsen hätte bringen können. Er sah sofort, dass dies ein einfacher Weg war, um ein sauberes, ruhiges, gleichmäßiges Klima zu erzielen.

Von 1833 an wurden in alle Welt luftdichte, glasgedeckte Kästen gesandt, in denen der Transport von Samen und Pflanzen auf weite Strecken möglich wurde. Die Ward-Kästen haben nicht nur den Wunsch Wards nach der Natur in der Stadt *(rus in urbe)* erfüllt, einen Wunsch, der sehr typisch für jene romantische Epoche war, sie haben auch große Veränderungen in der Ökonomie der Welt herbeigeführt. Der Teestrauch wurde mit ihrer Hilfe von China an die Abhänge des Himalaja, der Chinabaum von Südamerika nach Java verpflanzt, um nur einige zu nennen.

Immer dringender wurde der Wunsch, den Blumen, vor allem den neu entdeckten, auch in den feinen Gärten ein Plätzchen zu gönnen. Im Bauerngarten hatte man Blumen immer leben lassen. Das Treibhaus wurde nun ein wesentlicher Bestandteil jedes Gartens, bis Paxton, der Gärtner, aus dem Treibhaus einen Kristallpalast entwickelte. Die Methode, die Blumen zu einem Bestandteil des feinen Gartens zu machen, bestand darin, sie nach Jahreszeit auszupflanzen, ein Weg, der noch heute der der öffentlichen Anlagen in vielen Ländern ist sowie der Leute und Institutionen, die sich Gärtner leisten können. In Oxford und Cambridge werden sogar in den herrlichen Gärten der Colleges oft Blumen in Töpfen in die Erde gesteckt, um den Eindruck von Blumenbeeten zu erzeugen.

Trotz allem wundert man sich darüber, wie gering die Auswahl an Blumen war, die man aus der tausendfältigen Fülle traf. In England sind es Geranien, von blauen Lobelien und weißem Alyssum umgeben, in Frankreich Sedum und Begonien, in Deutschland manchmal auch Stiefmütterchen. Petunien und Geranien sind die Blumen für die Balkons der feinen Leute, Nelken für die Fenster und Balkons der Bauernhäuser.

Die Welt war arm, die Welt wird reich: Die Rose

Wie immer, wenn man sich mit einem historischen Gebiet beschäftigt, entdeckt man, wie wenige etwas und wie wenig diese wenigen besaßen. Der Reichtum der Welt beruht auf der industriellen Entwicklung, die im 18. Jahrhundert begann. Der Reichtum auf unserem Gebiet der Blumen ist ein Resultat der Entdeckung Amerikas, der Erforschung des Erdballs, aber auch ein Resultat immerwährenden Fleißes.

Die Rose ist unsere beliebteste Blume seit dem Ende des 18. Jahrhunderts. Plinius kannte zwölf Rosenarten, Albertus Magnus schließlich nur noch vier. In der Mitte des 18. Jahrhunderts war man nicht viel weiter, Linné kannte vierzehn Sorten, und der Katalog von Fillassier, einem bedeutenden Rosenzüchter im Rosenzüchterland Frankreich, enthielt 1797 fünfundzwanzig Sorten, obwohl im Frankreich des Ancien Régime Rosen ebenso ein Gegenstand des täglichen Bedarfs waren wie nach der Revolution, wo man unter Napoleon römisches Kaiserreich spielte, Wein aus Vasen trank, sich von schönen Knaben bedienen ließ und der Fürst Borghese 1810 Saal und Gartenwege mit Rosenblättern bestreuen ließ. Sogar Goethe und sein Enkel wurden in Helmstedt, wo jetzt die Grenze zwischen West- und Ostdeutschland verläuft, von schönen Mädchen mit Blumen bekränzt.

Aber 1827 wurden im *Hortus Britannicus* 107 Sorten und 1059 Varianten aufgezählt (ein französischer Rosenkatalog aus dem Jahre 1829 enthielt gar 2562 Sorten), und sechzig Jahre später beschrieb Hofgärtner Nietner (1889) in seinem Buch *Die Rose* 5007 Sorten.

Kaiserin Josephine

Diese riesige Vermehrung ist Josephine Beauharnais, der Gattin Napoleons I., ihrem Interesse und ihren finanziellen Opfern zu danken, obwohl ihre leidenschaftliche Liebesehe nicht mit Rosen, sondern mit Veilchen umkränzt war. Napoleon hatte Josephine auf einem Ball kennengelernt, wo sie einen Veilchenkranz und einen Veilchenstrauß trug, den sie ihm beim Abschied aus ihrem Wagen zuwarf. Ihr Hochzeitskleid war dann sinnvollerweise mit Veilchen bestickt, und Napoleon schickte ihr, wo immer er Schlachten schlug, an ihrem Hochzeitstag einen

Veilchenstrauß. Und nicht nur diesen einen Veilchenstrauß, Napoleon war bei einer Madame Bernard auf Buketts abonniert. Für 600 Francs im Jahr erhielt er täglich einen frischen Strauß.

Seine letzten Worte, bevor er nach Elba ging, waren: »Ich werde im Frühling mit den Veilchen wiederkommen.« Als er am 9. März 1814 aus seiner Verbannung in Elba floh, floh er zu Josephine, seiner geschiedenen Frau, nach Malmaison und schickte seinen dreijährigen Sohn aus seiner Ehe mit Marie Louise von Habsburg mit einem Veilchensträußchen voraus. Eine herrliche Veilchendekoration grüßte ihn an den Tuilerien, und die Damen trugen veilchenfarbene Kleider. Als Josephine am 29. Mai 1814 starb, schickte Napoleon einen frischen Veilchenstrauß, und bei dem toten Napoleon auf St. Helena fand man in einer goldenen Kapsel zwei getrocknete Veilchen, die er nach Waterloo auf Josephines Grab gepflückt hatte. Diese goldene Kapsel hatte er offenbar immer auf der Brust getragen. Man stelle sich einen modernen Diktator vor, der getrocknete Veilchen auf der Brust trägt!

Das Veilchen wurde in Frankreich das Abzeichen der Liberalen und der Anhänger Napoleons. »Vater Veilchen« oder »Korporal Veilchen« war eine Art Parole. Eine berühmte Schauspielerin wurde unter den Bourbonen ausgepfiffen, weil sie Veilchen trug. Es wurden unzählige Veilchen von Frankreich nach

Chislehurst in England geschickt, als Napoleon III. 1873 dort starb. Aber es ist die Rose, die Josephine am meisten zu verdanken hat.

1798 kaufte Napoleon Malmaison, und Josephine ließ durch Monsieur Dupont, der den Rosengarten im Luxembourg-Park angelegt hatte, alle bekannten Rosenarten sammeln. Malmaison wurde der berühmteste Rosengarten seiner Zeit.

Die Rosen Josephines übersprangen alle Grenzen, gingen durch alle feindlichen Linien. Napoleons Armeen sandten Rosen, wo immer sie welche fanden, nach Malmaison. Die englische Admiralität hatte befohlen, dass Samen und Pflanzen für Malmaison, die auf beschlagnahmten Schiffen gefunden würden, sofort weiterzuschicken seien. Lewis Kennedy, ein Londoner Gärtner, bekam einen Pass, mit dem er als botanical chargé d'affaires während des englisch-französischen Krieges zwischen London und Paris hin- und herfahren konnte, um Rosen für die Kaiserin einzukaufen. Die britischen Truppen hatten 1815 den Befehl, die Malmaison-Gärten zu schützen. Aber die Franzosen hatten schon selber Vorsichtsmaßregeln ergriffen. Von Descemet, der zum ersten Mal Rosen in großem Stil züchtete, übernahm der Rosenzüchter Vibert zehntausend aus Samen gezüchtete Rosen, um sie vor der Zerstörung zu schützen, als sich die alliierten Truppen Paris näherten. Vibert blieb der allerberühmteste Rosenzüchter bis etwa 1850. Schließlich beschäftigte er sich nur noch damit, gestreifte und gefleckte Sorten zu züchten.

Josephine hatte sehr viel Geld für ihren Garten ausgegeben und hinterließ zweieinhalb Millionen Francs Schulden. Aber die Malmaison-Gärten haben ungemein viel Freude in die Welt gebracht. Sie wurden ein Treffpunkt für Künstler, Botaniker und Rosenzüchter. Der Einfluss des Gartens und des Interesses der Kaiserin zeigte sich in der großen Anzahl von Neuzüchtungen im ersten Viertel des 19. Jahrhunderts. Es entstanden hier grundlegende botanische Werke, deren berühmtestes von Bonpland stammt: *Beschreibung seltener Pflanzen in Malmaison und Navarra, illustriert mit Farbstichen nach Zeichnungen von Redouté.* Dazu kommen Redoutés acht Bände *Die Lilien* (1802–1816) und *Die Rosen* (1817–1827).

Die Mehrzahl der Menschen, die einen farbigen Rosenstich aufhängen – der fast immer von Redouté ist –, verdankt diese Freude Josephine, die Redouté für seine Arbeit eine Rente von achtzehntausend Francs im Jahr zahlte.

Wenn man sich mit dem Leben von Künstlern des 17. und 18. Jahrhunderts beschäftigt, so macht man immer wieder die merkwürdige Erfahrung, dass es gerade den hoch bezahlten sehr schlecht ging. Der Lebensstil der Oberklasse war so teuer, dass die Herren Künstler das nicht mitmachen konnten und als

Mitglieder des Hofgesindes besser daran waren, zu dem sie ja auch meistens gezählt wurden. Redouté zum Beispiel hatte ein Haus in Paris und ein Landgut in Fleury-sous-Meudon. Er bekam 5000 Mark für ein Bild, aber er befand sich immer in Geldnöten. Nach vielem Handeln kaufte Karl x. 1828 die Originale der *Rosen* für 30 000 Francs. Aber auch das half Redoutés Finanzen nicht. Er verkaufte sein Silber, seinen Kunstbesitz, seine Möbel. Als er achtzig Jahre alt war, plante er sein bedeutendstes Bild, das ihm 12 000 Francs bringen sollte. Darüber starb er, ein Mann, der 1825 mit Ingres und Thomas Lawrence Mitglied der Ehrenlegion geworden war.

Redouté war übrigens ein nicht gerade sehr charaktervoller Mann; er gab der Aristokratie vor der Revolution genauso Malstunden wie deren Mördern in und nach der Revolution. Er nahm eine Rente von Josephine, unterrichtete ihre Nachfolgerin Marie Louise von Habsburg und die Damen der Bourbons nach Napoleons Sturz. Auch die endgültige Absetzung der Bourbons in der Julirevolution 1830 brachte keine Änderung in sein Leben. Er gab nun der Gattin Louis Philippes, Königin Amélie, und ihren Töchtern Malstunden.

Der Garten von Malmaison verwilderte nach Josephines Tod. 1828 wurden Schloss und Garten versteigert. Im Krieg von 1870/71 wurde der Garten völlig zerstört. Daniel Osiris, ein reicher Wohltäter, kaufte ihn 1896 und übergab ihn 1904 der französischen Regierung.

Von den 250 Sorten, die ursprünglich in Malmaison waren, ist es gelungen, 197 wiederzufinden, die jetzt in den Gärten von St. Cloud zu sehen sind.

Herkunft und Verbreitung der Rose: Die wichtigsten Sorten

Woher die Rose stammt, wissen wir nicht.

In Amerika (Colorado und Oregon) wurden im Stein fossile Exemplare entdeckt, die zweiunddreißig Millionen Jahre alt sind. Sie ähneln mehr der ostasiatischen Rose als der heutigen Nordamerikas.

In Europa ist die erste authentische Rose eine sehr stilisierte an einem Fresko in Knossos, Kreta (16. Jahrhundert v. Chr.).

Die persischen Städte waren in Rosen gebettet. Von Persien wanderte die Rose nach Babylon, wo sie das Symbol staatlicher Macht wurde und, neben Adler und Apfel, die Amtsstöcke schmückte. Während der Babylonischen Gefangenschaft lernten die Juden die Rose kennen und schätzen.

Von Babylon wanderte die Rose nach Phrygien, Trakien und Mazedonien. Herodot erwähnte etwa 400 v. Chr. eine sechzigblättrige Rose im Garten des

Midas. Theophrastus war der erste Autor, der von Zentifolien *(Hekaton phylla)* sprach. Er schrieb von den Rosen, sie hätten fünf bis hundert Blütenblätter. Dass Herodot von der sechzigblättrigen Rose sprach, mochte seinen Grund darin haben, dass sechzig eine altbabylonische Zahl war.

Auf einer alexandrinischen Münze von der Insel Rhodos ist eine Rose abgebildet. Plinius meinte, dass England wegen seiner Fülle an weißen Rosen *(Rosa alba) Albion* genannt würde. Aber es könne auch wegen der weißen Felsen von Dover so genannt worden sein. Vielleicht ist Zentralasien die Heimat der Rose. In Indien soll die schönste aller Frauen, die Göttin Lakshmi, aus einer Rose entstanden sein, die sich aus 108 großen und 1008 kleinen Blumenblättern zusammensetzte.

Konfuzius berichtete von Rosengärten in Peking. In der kaiserlichen Bibliothek gab es bereits 500 v. Chr. ein umfangreiches Schrifttum über die Rose.

In Kaschmir und in Japan gab es Rosengärten.

Kolumbus fand Rosen. Die Inkas schmückten ihre Gärten mit ihnen. Die Peruaner nannten den Rosenstrauch *Strauch der Sonne.*

»Kasanlik«, schrieb Graf Moltke, »ist das türkische Gullistan, das Land der Rosen. Sie wachsen auf Feldern und in Furchen wie die Kartoffeln.«

Die Mauren waren große Rosenzüchter, und die Gärten von Córdoba, die Gärten der Alhambra waren Rosengärten.

Weiße Rosen gibt es in Grönland, und Sibirien ist das Vaterland der *Rosa grandiflora.*

Jedes Land zwischen dem 20. und 70. Grad nördlicher Breite hat ursprüngliche Arten von Rosen.

Die *Rosa gallica* ist die eingeborene europäische Rose. Sie wird auch *Französische Rose* oder *Rose von Provins* genannt, Provins, wo es schon früh ausgedehnte Rosenzüchtereien gab. Sie hat eine zwölfblättrige Blüte und ist ein Spätblüher. Da Theophrastus sie nicht erwähnt, war sie wahrscheinlich in Griechenland unbekannt. Linné nahm an, dass sie aus Gallien stammt, daher ihr Name. Wieso diese Rose auf deutsch *Essigrose* genannt wird, ist mir völlig unklar. *Gallicus* heißt gallisch und gar nichts anderes, Essig heißt *acetum.*

Diese *Rosa gallica* wuchs im ganzen römischen Reich. Sie wurde von den Mönchen der siebenunddreißigtausend Benediktinerklöster während und nach dem 6. Jahrhundert weiterverbreitet. Durch die Mauren in Spanien erreichte sie Nordafrika. 1368 schrieb ein Mönch in York, England, dass die rote Rose das englische Wappen sei. »Sie wächst in diesem Lande seit Menschengedenken.« Sie ist auf Frührenaissance-Bildern und auf den Glasfenstern der Kathedralen zu sehen. Sie war wahrscheinlich auch die erste Rose, welche die Pilgerväter nach Amerika mitnahmen.

Die *Rosa centifolia,* die von Herodot erwähnte und von Theophrastus beschriebene, ist bis zum 16. Jahrhundert nicht mehr erwähnt worden, außer einmal 1307 bei Crescentius, und der hat sie in Holland wachsen sehen. Jedenfalls wuchs sie in Marseille, und sie wurde die *provenzalische Rose* genannt. Diese provenzalische Rose wurde häufig mit der Rose von Provins verwechselt. Doch die Rose von Provins ist die gallische Rose. Die Zentifolie, die übrigens immer von den Franzosen *cent feuilles* genannt wurde, ist die provenzalische Rose, die Shakespeare in *Hamlet* erwähnt.

Eine andere alte Rose ist die Damaskrose. Sie blühte in Ägypten und war von den Griechen nach Marseille und Pästum, nach Karthago und Cyrene, also in die alten griechischen Handelszentren gebracht worden. Sie war die von Virgil und Plinius erwähnte zweimal blühende Rose von Pästum, die auf den pompejanischen Fresken zu sehen ist. Sie überlebte die Zerstörung von Pompeji und Pästum durch Feuer, Wasser und Lava nicht. Das ist merkwürdig; denn die Kraft der Natur war erschütternd und tröstlich zugleich in unseren Vierzigerjahren des zwanzigsten Jahrhunderts. Die Menschen waren getötet worden, die Häuser zerbombt, der Hausrat verbrannt, aber der alte Fliederbaum blühte weiter, und die Rosen rankten über den Schutt. Die Damaszener Rose wurde zur Herstellung des Rosenwassers benutzt, mit dem Saladin die Omar-Moschee besprengte. Sie wurde während der Kreuzzüge allgemein bekannt, bekam ihren Namen von Damaskus und wurde 1270 vom Grafen de Brie nach Frankreich gebracht. England und Spanien erreichte sie nicht vor dem 16. Jahrhundert, und Matthioli erklärte 1550, dass die Damaszener Rose erst seit Kurzem in Italien sei.

Die wichtigste Rose für unseren heutigen Rosenflor wurde die chinesische oder Bengalrose. Die Chinesen hatten sie schon im 10. Jahrhundert gemalt. Sie wurde 1781 im Botanischen Garten in Haarlem in Holland angepflanzt. Sir Joseph Banks musste sie merkwürdigerweise von Holland nach England holen, obwohl die alte Fa Tee-Gärtnerei in Kanton in China, wo diese Rose wuchs, viele Pflanzen nach England schickte, und obwohl sie schon fast ein Jahrhundert in den botanischen Gärten der englischen *East India Company* in Kalkutta und Singapore wuchs. Sie ist der Großvater der üblichen Rose in unseren Gärten, der Teehybride, geworden.

Rosa gallica + Rosa chinensis = Hybrid Chinese

Hybrid Chinese + Rosa Bourbon + Rosa damascena = Hybrid Perpetuals

Hybrid Perpetuals + Rosa chinensis = Hybrid Tea

Einige Rosen im 19. und 20. Jahrhundert

In den Rosengärten des Luxembourg in Paris wuchsen 2000 Rosensorten, und dreißig- bis vierzigtausend wilde Rosen wurden dort veredelt. Die Rosenbeete waren von Obstbäumen eingefasst, ungefähr zur gleichen Zeit, als Schillers Vater in seinem Buch *Baumzucht im Großen* empfahl, die Hauptwege einer Baumschule mit »Hagebuttenrosen« einzufassen.

Während der hundert Tage der zweiten Herrschaft Napoleons entstand in St. Cloud eine Rose, die *rose de l'empereur* genannt wurde. Als Ludwig XVIII. den Thron bestieg, wurde sie *rose du roi* genannt. Es ist die noch immer beliebte dunkelrote *rosa crimson perpetuel.*

In diesem rosenfreudigen ersten Drittel des 19. Jahrhunderts wurden viele Rosengärten, zum Beispiel der Rosengarten bei Kassel und der bei Fontainebleau, angelegt, und Finkelmann pflanzte für Friedrich Wilhelm III. von Preußen 3000 Rosenbüsche auf die Pfaueninsel. Da aber der König gleichzeitig eine Menge Tiere dort hielt, die die Rosen zerstörten, wurde 1835 ein neuer Rosengarten in Charlottenhof bei Potsdam angelegt. Später legte auch Napoleon III. einen Rosengarten in Fontainebleau an. Er ließ dort die Rose von Puebla eingehen, weil er bei Puebla eine Niederlage durch die Mexikaner erlitten hatte.

1829, auf dem Höhepunkt der Romantik, als das Mittelalter Trumpf war und der Klassizismus zusammen mit der französischen Revolution aus Gedanken und Gefühlen verbannt wurde, als gar nichts wirklichkeitsfern genug sein konnte, wurde in Potsdam das Fest der weißen Rose gefeiert. Der Mittelpunkt des Festes war die Kaiserin Charlotte von Russland, die Gattin Kaiser Nikolaus' I. und Tochter Friedrich Wilhelms III. Sie wurde *Blanchefleur* genannt, weil sie die weißen Rosen liebte. Die Kaiserin saß unter einem goldenen Baldachin, und die Herren, als Ritter von König Artus' Tafelrunde verkleidet, huldigten ihr mit Lanze, Schwert und Schild. Unter denen, die ihr so huldigten, befand sich ihr Bruder, der spätere Kaiser Wilhelm I. Alle Damen trugen dicke weiße Rosenkränze, und jede erhielt eine silberne Rose.

Während dieser romantischen Epoche ließ man Rosen an Tempeln und künstlichen Ruinen emporklettern. 1850 erreichte die Mode der Rosengärten ihren Höhepunkt, besonders die Engländer liebten Rosenlauben über gotischem Gitterwerk. Von 1850 bis 1860 war die Moosrose große Mode, da die schüchternen Frauen, die »Moosröschen«, als Frauenideal galten.

Inzwischen hatten die Bauern der Riviera Rosenfelder angelegt, wo einst Korn und Ölbaum wuchsen. Aber es waren nur wenige Sorten, die von Frankreich nach dem Norden geschickt wurden. Die wesentlichsten waren die *La France Rose, Souvenir de la Malmaison* und *Maréchal Niel.* Die rosa *La France Rose* wurde 1867 von einem Ausschuss von fünfzig Rosenzüchtern aus mehr als 10 000 Pflanzen französischen Ursprungs ausgewählt.

Souvenir de la Malmaison wurde 1843 von Beluze gezogen und ohne Namen in das verwahrloste Malmaison geschickt, das französische Behörden gerade wiederherzustellen im Begriff waren. Ihren Namen erhielt sie von einem Großfürsten, der den Garten besuchte und eine Pflanze für die kaiserlichen Gärten von St. Petersburg mitnahm. Eine romantischere Version sagt, dass Josephine selber eine Rose dem schönen Zaren Alexander gegeben habe, die dieser *Souvenir de la Malmaison* nannte. Das ganze Rosenrondell vor dem Potsdamer Neuen Palais war mit *Souvenir de la Malmaison* bepflanzt.

Die gelbe *Maréchal Niel* wurde 1864 von Pradel gezogen, der darauf bestand, dass jeder Käufer einer *Maréchal Niel* ein Dutzend anderer sehr teurer Rosen kaufte. Sie wurde 1881 die beste aller Rosen der Welt genannt, und sie blieb jahrzehntelang eine beliebte Schnittblume, trotz hängendem Kopf.

Die ebenfalls sehr berühmte *Caroline Testout* ist jünger. Ihr Züchter gab sie 1890 einer Modezeichnerin, eben Madame Caroline Testout, die die Rose für ihre Werbung benutzte. Von der *Caroline Testout* stammt die schönste aller weißen Rosen, *Frau Karl Druschki.*

Die alberne Mode der einzelnen Rose an einem 50 bis 60 cm langen Stiel, die der feine Kunde heutzutage verlangt, kam aus Amerika, wo die Gibson Girls, das heißt die Damen, wie sie Gibson zeichnete – das Modell war seine Frau –, die Rosenstiele durch den Gürtel zogen, und da junge Damen zwei Jahrzehnte lang à la Gibson Girl aussehen wollten, so wurde diese Unnatur zur Mode. Rosen wachsen von der Natur her im Allgemeinen nicht einzeln.

Ganz abgekommen ist man von den Versuchen, den Geruch der Rosen mit künstlichen Mitteln zu verbessern. In der Antike hat man beim Versetzen von Rosen Rosenkränze um die Wurzeln gewunden. Auch der Glaube, dass die Anpflanzung von Knoblauch oder anderen Zwiebeln nahe den Wurzeln nütze, ist sehr alt. Johann Sigismund Elsholtz meldete in seiner *Gartenbawkunst,* Berlin 1684 (*Vom Garten-Baw*, Faksimile-Nachdruck der 3. Aufl., Hildesheim 1987) Zweifel an: »Ob die Rosen an Lieblichkeit des Geruchs sehr zunehmen, solches stehet zu erfahren.«

Auch Rosenkunststücke macht man nicht mehr. Es wird erzählt, dass im 17. Jahrhundert in Genua und in der Lombardei weiße Rosen auf *Ilex aculeata baccifera* gepfropft wurden, und dass man dadurch grüne Blüten erhielt. Noch im 18. Jahrhundert kaufte ein Gärtner in Spandau bei Berlin einen Orangenbaum und pfropfte ihm Rosen auf, und noch 1875 berichtet jemand: »Man sieht dies in italienischen und maurischen Gärten.« Der Ehrgeiz war damals nicht, gesunde und farbenprächtige Exemplare zu bekommen, sondern das Kuriosum, zum Beispiel fünferlei Rosen an einem Baum. Immer wieder stoßen wir auf jenen Obstbaum im Garten des Lukullus, an dem Plinius Birnen, Äpfel, Feigen, Pflaumen, Oliven, Mandeln und Weintrauben wachsen sah.

Seit Josephine sind die Rosen im Mittelpunkt des Blumeninteresses geblieben. Rosentöpfe wurden am Ende des 19. Jahrhunderts sehr beliebt. In London konnte man 1885 Rosenstöcke von ein und einem halben Meter Höhe und acht Meter Umfang sehen. »Ein solcher Riesentopf wog 100–150 Kilo, und man brauchte sechs Leute, um ihn zu bewegen«, heißt es in einer deutschen Familienzeitschrift. »Die Töpfe waren pyramiden- und kugelförmig aufs kunstvollste gezogen, von unten bis oben ganz gleichmäßig rundum mit Rosen besetzt und diese so regelmäßig durch Binden und Ausbrechen überflüssiger Knospen verteilt, wie vom Geometer gemessen. Hunderte von Blumen, alle zu gleicher Zeit halb oder ganz aufgeblüht, die Blätter strotzend von Gesundheit, bedecken die Pflanze so dicht, dass an ihr auch nicht mehr der kleinste leere Raum ersichtlich ist. Ein solches Rosenstöckchen kostet aber auch 500–1000 Mark, ja, manche Exemplare und Sorten sind dem Züchter gar nicht abzukaufen. In München wurden zwei Waggons solcher Exemplare in Blüte ausgestellt, welche dann König Ludwig von Bayern für seine Wintergärten erwarb. Die schwierige Kultur wie auch der hohe Preis solcher Pflanzen konnten selbst von den damaligen Preisrichtern nicht in ihrem vollen Maß gewürdigt werden …«

Auch für Rosen zahlte man im 19. Jahrhundert die gigantischen Preise, die man immer für besondere Blumen zu zahlen pflegte. 1884 zahlte ein englischer Züchter einem amerikanischen für das Eigentumsrecht an einer einzigen Rose 22 000 Mark.

Ein fast römischer Luxus wurde in Russland getrieben. Alle Blumen, auch zum Beispiel Astern und Levkojen, mussten im Treibhaus gezogen werden, und ein mittlerer Garten war nicht unter 20 000–30 000 Mark jährlich für Brennmaterial zu unterhalten. Aber die Treibrosen waren herrlich. »Die russischen unter Glas gezogenen Rosen erhielten den Kaiserpreis«, heißt es in den Achtzigerjahren, »die Exemplare trugen 10–15 tadellose Blumen, dunkelgrünes Laub ohne Spur von Ungeziefer oder Schimmel. Es war eine Leistung, wie sie auch in Deutschland ihresgleichen sucht.«

Der größte Rosenstock Europas befand sich im Wehrle'schen Garten in Freiburg im Breisgau. Er war 1881 mit einer Teerose okuliert worden, 1901 überspannte er eine Fläche von 88 Quadratmetern und trug 7400 Blüten, 1911 bildete er eine große Laube.

Dass die Kunst, Rosen zu züchten, noch heute in Frankreich lebendig ist, beweist der riesige Erfolg, den die Rose *Gloria Dei (Peace)* nach diesem Krieg hatte. In England waren schon 1951 eine Million Exemplare verkauft worden. Es ist ein Unikum von einer Rose. Die Knospe ist rosa, die Blüten sind gelblich mit leichtem Rosa am Rand. Aber das wichtigste ist, dass selbst ein armseliger Rosendilettant wie ich 37 Knospen an einem Exemplar hatte, dass das Laub glänzend und stark ist wie bei einer Kamelie, dass die Pflanze von Gesundheit strotzt. Sie wurde von Francis Meilland, in Cap d'Antibes gezüchtet. Rosenkenner stellen ihr die deutsche Nachkriegsrose *Unabhängigkeit* gleich.

Die neueste Rosenkultur ist die der *Polyanthas.* Die *Polyanthas* sind Rosen, die die Rosenfülle der *Ramblers* (*Ramblers* haben manchmal 6000 Blüten an einem Stock) verbinden mit den großen Blüten und der langen Blütezeit der Teehybriden. Die ersten *Rosa multiflora* kamen 1865 von Japan nach England, eine der Rosen kam in einen öffentlichen Park in Lyon. Da sie nicht gefiel, wurde sie in eine Gärtnerei versetzt. Sie wurde gekreuzt und wieder gekreuzt, und man erhielt niedrige Pflanzen mit büschelförmigen duftlosen Blüten.

Es war dann D. T. Poulsen in Kopenhagen, der von Ellen Poulsen 1912 und besonders von Else Poulsen 1924 bis zu Irene von Dänemark 1951 alle die Polyantharosen gezüchtet hat, die in dem harten nordischen Klima ohne viel Pflege gedeihen. Rosenbeete in neuen Gärten werden meist mit Polyantharosen bepflanzt. Verglichen mit den Teehybriden sind sie sozusagen das Massenmöbel, während die Teehybriden die Kommoden Ludwigs XV. sind, ein Höhepunkt der Pflanzenschönheit.

Blumen aus Asien: Päonie, Hortensie, Tausendschönchen, Chrysantheme

Die Rose ist seit 150 Jahren die wichtigste Blume, aber eine Unmenge anderer Blumen kamen hinzu.

1656 brachte die erste Gesandtschaft der holländischen *East India Company* den Tee und die Päonie aus China mit. Die Päonie wurde 1669 beschrieben. Aber erst 1789 gab Sir Joseph Banks einigen Kaufleuten den Auftrag, Päonien nach Europa zu bringen. Die Päonien gingen alle zugrunde. Fünf Jahre später kamen sie gesund an und wurden sehr hoch bezahlt. In Paris verkaufte ein Monsieur Noisette einzelne Päonien für 1500 Francs bis zu 100 Louisdors. 1814 brach eine Päonienwut aus, und Sorten, die mit Samen vermehrt werden können, waren äußerst gesucht, von allen Blumennarreteien wohl die dümmste, da Päonien sich so leicht aus der Wurzel vermehren lassen.

1768 machte Louis Antoine de Bougainville im Auftrag Ludwigs XV. als erster Franzose eine Reise um die Erde. Er nahm den alten Botaniker Commerçon und seinen Assistenten Baret mit. In Rio de Janeiro fand Commerçon eine der schönsten Blumen der Welt und nannte sie *Bougainvillea.* Sie überflutet vom zartesten Lila bis zum dunkelsten Braunrot die Mauern in allen tropischen und subtropischen Gebieten. Während Commerçon und sein Assistent in Tahiti botanisierten, näherte sich plötzlich ein Häuptling, ergriff den jungen Baret und wollte mit ihm davoneilen. Bei diesem Zwischenfall wurde entdeckt, dass Baret ein Mädchen war. Sie hieß Hortense. Der alte Commerçon wollte nach dieser Entdeckung nicht nach Frankreich zurückkehren, sondern blieb mit Hortense in Mauritius, wo er sehr bald starb. Hortense kehrte nach Frankreich zurück und heiratete. Sie ist die erste weiße Frau, die die Welt umsegelt hat, und nach ihr wurde eine neue japanische Blume *Hortensie* genannt. Die Blumendolden der Hortensie waren zuerst rosa. Im Garten der Kaiserin Josephine mischte man dem Boden Eisenocker bei, und die rosa Blumen wurden blau.

In Paris wurde der Gärtner, der nur für die Kultur und den Verkauf der Hortensie lebte, in einem Jahr ein reicher Mann. Es ist das Schicksal der Hortensie geworden, bei Festlichkeiten die Treppenaufgänge zu schmücken. In Westengland wirkt sie wie ein wilder Busch, nicht wie ein aus Japan eingeführter Fremdling.

Der Jesuitenpater d'Incarville war der bedeutendste der Pflanzensammler unter den Missionaren, die hundert Jahre lang versuchten, das Christentum im fernen Osten, vor allem in China, einzuführen, und außer ausführlichen Berichten auch unbekannte Pflanzen nach Europa sandten. Zu diesen Jesuiten gehörte auch der Entdecker der Kamelie, von dem schon die Rede war. Während die meisten der chinesischen Pflanzen, die bisher nach Europa gekommen waren, Gartenblumen aus den kaiserlichen Palast- und Tempelgärten gewesen waren, erforschte d'Incarville die einsamen Gegenden Nordchinas und sandte viele Samen wilder Pflanzen an den *Jardin du Roi* in Paris. Darunter war das Tausendschönchen, diese Abart des mit so vielen Namen belegten Gänseblümchens. *Gänseblümchen* heißt es, weil die Gänse es so gern fressen. Bock nannte es noch *Maasliebchen. Maas* ist ein keltisches Wort, das »Feld« bedeutet. *Tausendschönchen* wird es nach dem lateinischen *Bellis perennis* genannt. In Schweden heißt es *Priesterkragen,* eine sehr plastische Bezeichnung, in England *Tagesauge = Day's eye = Daisy.* Jedenfalls schickte d'Incarville, der auch die Aster nach Paris gebracht hatte, von wo sie nach Chelsea kam, von Peking an den Direktor des *Jardin du Roi* die ersten Samenkörner einer seltenen Pflanze. Es entstand ein rotes Gänseblümchen. Man beschloss, eine Gärtnerzusammenkunft zu Ehren des Fremdlings im Kloster des Chartreux einzuberufen. Zwanzig Jahre nach der Entdeckung bekam man die ersten ganz gefüllten Tausendschönchen, die schnell Mode wurden. Der Maréchal Duc de Biron in Paris erzielte schließlich kleine Röhrchen wie bei der Georgine.

Zur gleichen Zeit, also Mitte des 18. Jahrhunderts, wurden Schlüsselblumen hochbezahlt. Ein Schlüsselblumengarten mit Hunderten von Arten wurde Mode. Man fand sie 5000 Meter hoch in Tibet und im Himalaja. Die moderne vielfarbige Primel soll im Garten von Doktor Buxton in Greenwich entstanden sein.

Eine äußerst beliebte Blume unserer Zeit, die bunte Wicke, wurde ebenfalls in England gezüchtet. Francisco Cupani, ein sizilianischer Mönch, sandte 1699 Samen von dunklen Wicken von Palermo an Doktor Uvedale, einen Schuldirektor in Enfield, der die ersten bunten Wicken zog. Aber es dauerte fast zweihundert Jahre, bis aus Kreuzungen mit zartfarbenen wilden Wicken von Ceylon die moderne Wicke entstand. Sie erregte große Begeisterung, und 1901 stiftete die Zeitung *Daily Mail* einen Preis von 20 000 Mark für die besten Wicken. Es kamen nun die großen, gezackten Wicken auf den Markt, die aber den wunderbaren Wickenduft verloren hatten.

Die Königin aller asiatischen Blumen ist die Chrysantheme. Holländer brachten 1688 die ersten sechs Sorten, die rote, die weiße, die gelbe, die purpurne, die fleischfarbene und die rosa Sorte, von China nach Holland.

Die Chrysantheme war die Lieblingsblume der Mandarine und ist zweitausend Jahre lang in China gezüchtet worden, ja, im 5. Jahrhundert wurde der Geburtsort eines besonders erfolgreichen Chrysanthemenzüchters, *Chu-hsien,* Stadt der Chrysanthemen genannt. Die Chrysantheme war der Schmuck der Tempel, sie wurde auf Porzellan gemalt, sie war ein Motiv der Stoffe, der Holzschnitzereien und der Metallarbeiten. Die alte Kaiserin von China, Hsu, hat selber die Blumen für die Palastzimmer ausgewählt, und eine Hofdame schreibt: »Jeden Morgen begleiteten alle Hofdamen und alle Hofeunuchen die Kaiserin zum Westufer des Sees. Unter ihrer Anleitung schnitten wir kleine Zweige von den jungen Pflanzen und pflanzten sie in Blumentöpfe. Ich wunderte mich zuerst über die Methode, aber Ihre Majestät versicherte mir, dass diese Ableger prächtige Pflanzen ergäben. Wir gossen die Pflanzen jeden Tag, bis sie anfingen zu sprießen. Während heftiger Regenfälle befahl Ihre Majestät den Eunuchen, die Chrysanthemen mit zarten Strohmatten zu schützen.«

Aber eigentlich ist die Chrysantheme die Blume Japans. 1189 wurden die Schwerter des Mikado mit einem Chrysanthemensymbol geziert. Ihren Höhepunkt hatte die Chrysanthemenzüchterei im 16. Jahrhundert. Aber noch 1911 konnte man im kaiserlichen Garten und im Garten des Grafen Opuma in Tokio alle vorhandenen Sorten finden. Es gibt Gärten in Japan, in denen ausschließlich Chrysanthemen blühen, so wie es Gärten gibt, in denen nur Iris wachsen. Die Japaner, die eine kleine Insel bewohnen, sind, genau wie die Engländer, die auch eine kleine Insel bewohnen, für einen kleinen Maßstab, für das Kleine und Feine. Sie haben ihre Bäume so gedrillt, dass hundertjährige Exemplare in Töpfen wachsen. Manchmal teilen sie ihren Garten in einen Frühlingsgarten, einen Sommergarten, einen Herbstgarten und einen Wintergarten ein. Es sind Gärten, in denen jeder Stamm und jedes Blatt zur Geltung kommt, in denen Licht und Schatten berechnet sind und die Bäume so gezogen werden, dass sie im schönsten Winkel zum Hause stehen. Denn das Streben nach Vollendung, nach dem Vollkommenen einer Erscheinung, ist nirgends so groß wie in Ostasien. So, wie chinesische Maler ein Leben lang nur eine Blume malen, Orchidee oder Bambus, Lotusblume oder Chrysantheme, um die allein gültige Form, die Vollendung zu finden, so hat der Gärtner Hayashi in unseren Tagen jedes Jahr 30 000 Chrysanthemen der Sorte *Ennichi-giku* gezüchtet, von denen höchstens fünf Exemplare seinen Anforderungen genügten. Das Riesenchrysanthemum *Zukuri* kann 1000 Blumen tragen, andere sagen 200 bis 400, aber nur, wenn es durch seidene Zelte geschützt wird. Die *Ipon-Zukuri* ist eine Abart mit nur einer Blume. Die ungefüllte Chrysantheme *Hironishi* darf nicht mehr als 16 Blumenblätter haben. Sie ist die Kaiserblume, von der das Wappen der kaiserlichen Familie abgeleitet wird. Chrysanthemen und Glyzinien wurden auf die kaiserlichen Kimonos gestickt.

Dem Kirschblütenfest des Frühlings entsprechend, wird im Herbst ein Chrysanthemenfest gefeiert. In den Alleen des kaiserlichen Parks stehen Tausende von Chrysanthemen unter Mattendächern. Traumhaft wie die Tulpenfeste in Konstantinopel müssen die Chrysanthemenfeste gewesen sein, bevor Japan 1875 europäisiert wurde.

Der Zug der kaiserlichen Damen wurde von der Kaiserin angeführt. Sie trug faltenreiche Beinkleider aus scharlachrotem Damast, ein Unterkleid und einen Kimono aus gestickter lila Seide. Um den Hals war ein vielfarbiges Seidentuch geschlungen. Sie trug einen schweren Zopf um den Kopf, und offenes Haar fiel bis zur Hüfte. Über der Stirn prangte ein kleiner goldener Phönix. In der einen Hand trug sie einen vielfarbigen Sonnenschirm, in der anderen einen hölzernen, bemalten Fächer mit schweren, lang herabfallenden Seidenschnüren. Die Prinzessinnen trugen ähnliche Kostüme aus Gold- und Silberbrokaten. So ging dieser Märchenzug durch die Wildnis der Chrysanthemenblüten.

Auch für die einfachen Japanerinnen ist die Chrysantheme, was für die Italienerinnen und die Spanierinnen die rote Nelke ist.

Die Chrysantheme ist erst seit rund hundert Jahren in Europa allgemein bekannt. 1789 brachte ein Marseiller Kaufmann eine weiße, eine lila und eine purpurfarbene nach Frankreich. Von dort kamen sie nach England, wo sie natürlich zuerst sehr teuer waren, und von England nach Amerika. Die ersten völlig ausgereiften Samen wurden 1827 produziert, und John Salter, der die weiß blühende Fuchsie und das Riesenstiefmütterchen geschaffen hat, begann 1838, alle in Europa bekannten Arten in seiner Gärtnerei in Versailles zu züchten.

Seit 1843 wurden chinesische und japanische Chrysanthemen in England eingeführt. Seit fast derselben Zeit findet man klein blühende Chrysanthemen in jedem, auch dem bescheidensten englischen Garten. Im Kristallpalast in London wurde 1859 Schillers hundertster Geburtstag gefeiert, jenes erstaunliche Ereignis, bei dem sich eine geistige Einheit aller Deutschen offenbarte, obwohl ihr Land politisch völlig zerrissen war. Bei dieser Schiller-Feier im Kristallpalast, an der 20 000 Menschen teilnahmen, hatte man eine Million Chrysanthementöpfe terrassenförmig aufgebaut.

In den Siebzigerjahren war die Chrysantheme noch eine Treibhausblume. Proust beschreibt, wie im

Korridor bei der Geliebten seines Swanns (als ob dieser Korridor ein Treibhaus wäre) ein langer Kasten mit großen Chrysanthemen stand, die damals noch ganz ungewöhnlich waren.

Die Chrysanthemen wurden in den Zwanzigerjahren zu kopfgroßen Riesenexemplaren entwickelt, die ungemein beliebt als Geschenkblumen wurden. Sie gehören auch jetzt zu den beliebtesten Blumen in der blumenarmen Novemberzeit.

Kameliengeschäfte und unsterbliche Werke

Nicht jeder mag wissen, dass die weltberühmte Violetta in Verdis *Traviata* wirklich gelebt hat. Wie Josephinens Liebe mit Veilchen bestreut war, so die der Alphonsine Plessis mit Kamelien. Sie kam 1840 als fünfzehnjähriges Mädchen vom Lande in ein Schneideratelier nach Paris, liebte Liszt, hatte eine ihrer vielen Affären mit Alexandre Dumas, wurde sehr reich, sehr berühmt, trug weiße Kamelien und starb mit zweiundzwanzig Jahren.

Dumas hat seine Beziehung zu ihr in einem Roman und in einem Stück beschrieben, aber offenbar nur sehr vage. Dumas' Vater, der Verfasser des *Grafen von Monte Christo* und der *Drei Musketiere,* war ein Mann, der von den Besten seiner Zeit für edel gehalten wurde, der sein Geld an jeden Bedürftigen verschenkte, der größte Bohemien, den man sich denken kann. Kann man sich vorstellen, dass der alte Dumas so bürgerliche Ambitionen hatte wie Giorgio Germont im zweiten Akt der Kameliendame respektive der *Traviata*? Sicher nicht. Und ebenso wenig hat die Figur des Sohnes etwas mit Dumas' Sohn zu tun, der ein guter Ehemann, ein zärtlicher Vater, ein korrekter Herr war. Jedenfalls zahlte sich für Dumas diese bezahlte Liebe aus. Die Kameliendame wurde die Glanzrolle aller großen Schauspielerinnen von Sarah Bernhardt bis zu Elisabeth Bergner. Den Höhepunkt ihres Ruhmes erreichte die Kameliendame in Verdis *La Traviata.* Aber schon bei ihrem Tode wurde der Sarg der Alphonsine Plessis mit Kamelien gefüllt, und ihre Bewunderer brachten weiter Kamelien auf den Montmartre-Friedhof.

Eine Kamelienwut brach aus. Ein Genter Kamelienzüchter kaufte in England für einige Tausend Francs eine rote Kamelie mit einem weißen Strich auf den Blütenblättern. Er züchtete sie in seiner Gärtnerei und eröffnete 1841 eine Lotterie. Ein Los, für das man zehn Kamelienstöcke und einen Ableger dieser *Queen Victoria* gewinnen konnte, kostete 250 Francs. Er verkaufte sofort zehn Lose, dann hundert weitere für 12 500 Francs, in Gent allein dreiundvierzig Lose, in ganz Belgien sechzig Lose. Lose gingen in die ganze Welt. In sechs Monaten verdiente der Besitzer des Mutterstammes 15 000 Francs. Der Mutterstamm wurde nach England für zwanzig Pfund zurückverkauft, von wo er dann wiederum nach Belgien für sechstausend Francs verkauft wurde. Die *Queen Victoria* hatte nach beendeter Spekulation in anderthalb Jahren 21 000 Francs eingebracht, ohne den ersten Verkauf. 1844, das heißt drei Jahre später, kostete die *Queen Victoria* drei Francs.

Zwanzig Jahre später ließ sich ein Pariser zwei Kamelien aus New Orleans kommen. Er hatte sie für 11 000 Francs nach Zeichnung gekauft und weigerte sich zu bezahlen, weil die Pflanzen, wie er sagte, nicht mit der Zeichnung übereinstimmten. Als er zur Zahlung verurteilt wurde, hoffte er, sich mit einer Ausstellung im Wintergarten der Champs-Elysées schadlos zu halten. Tatsächlich wurde die Ausstellung von zwei Kamelien ein Ereignis. Der Zulauf war grenzenlos, und der Eintrittspreis konnte verdoppelt werden. Außerdem verkaufte der geschäftstüchtige Blumenfreund einzelne Blüten, die viertausend Francs brachten. Wenige Jahre später konnte man die ganze Staude für dreißig Sous kaufen.

Wiederum zwanzig Jahre später zahlten die Damen in Russland 300 bis 400 Rubel für die Garnitur eines Ballkleides aus frischen Kamelien. Die Petersburger Kamelientreibhäuser waren im 19. Jahrhundert die berühmtesten der Welt, und im Garten des Grafen Nesselrode blühten die allerschönsten.

Die Kamelie ist eine hartnäckige Pflanze. Blütenstaub verliert nach zwei Jahren noch nicht seine befruchtende Kraft, und Blätter, die hundert Meilen weit nach Gent geschickt worden waren, schlugen Wurzeln. Der Grund für die ersten Misserfolge mit der Kamelie lag hauptsächlich darin: Niemand konnte sich vorstellen, dass die Kamelie keine Sonne verträgt.

War Monsieur Brayn das Vorbild für Bouvard und Pécuchet?

Es ist eine rührende Geschichte, wie die Fuchsie zu ihrem Namen kam. Ich bin zwar immer der Meinung gewesen, dass eine der ewigen Wahrheiten der Bibel der Satz ist: »Es kam ein neuer König in Ägypten, der wusste nichts von Joseph …«, aber manchmal, sehr selten, wirkt ein großer Mann noch lange fort. Der Botaniker Charles Plumier (1646–1704), der auf Veranlassung des Leibarztes Ludwig XIV. von Frankreich Südamerika bereiste, um das Chinin zu studieren, fand in den Wäldern Chiles eine schöne Pflanze, die die gigantischen Stämme umkletterte. Plumier brachte sie nach Frankreich und nannte sie zu Ehren von Dr. Fuchs *Fuchsia.* Es war schon davon die Rede, dass dessen *Pflanzengeschichte* 1545 ins Französische übersetzt und ein Bestseller wurde. Es ist eine hübsche Geschichte für Optimisten, dass Monsieur Plumier einer Pflanze einen Namen zur

Erinnerung an eine zweihundert Jahre alte Schwarte gab.

Es kamen bald Fuchsien von Chile, Mexiko und Guatemala. Die englischen Gärtner fingen gegen 1799 an, sie zu züchten. Nach Deutschland kam die Fuchsie erst in den Dreißiger- und Vierzigerjahren des 19. Jahrhunderts, wo sie, besonders in Berlin, rasch zur Modeblume avancierte.

Die Fuchsie war ein Strauch. Aber ein Monsieur de Brayn in Mecheln zog hundert Bäumchen von drei Meter Höhe und einer Krone von achtzig Zentimeter Durchmesser. De Brayn produzierte sogar Fuchsienexemplare von siebeneinhalb Meter Höhe.

De Brayn nannte sich »Bildhauer, Gärtner und Bäcker zu Mecheln«. Er war von Hause aus Bäcker und machte Zuckerkonfekt für St. Nikolaus. Als er die Zuckerherren und Zuckerdamen formte, wurde er angeregt, es einmal statt mit Zucker mit Ton zu versuchen. So kam er darauf, Brunnenstatuen zu machen, und von dort, vom Brunnen her, kam er auf die Hydraulik, und nun beschäftigte er sich mit Hydraulik und studierte, wie man am besten Pflanzen wässert, und so kam er zur Gärtnerei.

Welch herrliche Absage an das Spezialistentum, und welch herrlicher Zeitgenosse von Bouvard und Pécuchet! Ich habe den Verdacht, dass Flaubert von de Brayn in Mecheln gehört hat, und dass de Brayn das Urbild von Bouvard und Pécuchet ist. Aber selbst wenn Flaubert nie von ihm gehört hat, so ist de Brayn ein Beweis dafür, dass Bouvard und Pécuchet typische Figuren ihrer Epoche sind.

Die weißblühende Fuchsie wurde zuerst in England gezogen. Paxton, von dem noch die Rede sein wird, feierte und bewunderte sie sehr.

Die Fuchsie hat sich völlig in England eingewöhnt. In den feuchten, winddurchwehten keltischen Teilen Schottlands, in Wales, vor allem in Irland, blühen riesige Fuchsienhecken.

Die Fuchsie ist altmodisch geworden. Von 1500 Sorten sind kaum 500 übrig geblieben. Es gibt aber eine amerikanische und eine britische Fuchsiengesellschaft, die es sich angelegen sein lassen, die alten Sorten zu erhalten.

Dahlienwut

Francisco Hernandez, der Arzt Philipps II., veröffentlichte in seinem *Thesaurus* 1651 die erste Dahlie. Sie war von den Azteken in Mexiko kultiviert worden und hieß dort *Cocoxochitl.*

1789 sandte der Direktor des Botanischen Gartens in Mexiko die ersten drei Exemplare, *Dahlia rosea, purpurea* und *corrinea,* an den Direktor des Botanischen Gartens in Madrid. Die Blume wurde, nach dem schwedischen Botaniker Andreas Dahl, *Dahlie* genannt. Die Dahlien kamen in die Gärten des Escorial, des Madrider Königsschlosses, von wo sie nicht verbreitet werden durften. Solche Verbote werden immer durchbrochen. Ein gewisser Don Marcio, der besondere Verbindungen mit dem Hofgärtner hatte, erhielt einige Knollen und gab sie einem Freund, der sie nach Paris in den *Jardin des Plantes* brachte. Da die Dahlie eine große Seltenheit war, setzte man sie ins Treibhaus, wo ihre Wurzelknollen faulten und die Stauden spurlos verloren gingen.

Zur gleichen Zeit wie nach Spanien war die Dahlie nach England gekommen, wo die Wurzelknollen ebenfalls durch falsche Behandlung eingingen. Dann schenkte Andreas Dahl persönlich Lady Holland ein Päckchen Samen. Sie wurde die erste erfolgreiche Züchterin und nannte die hochgepäppelte Pflanze *Dahlie*, unabhängig von dem Spanier.

Völlig unabhängig von alldem sandten Alexander von Humboldt und Bonpland von den dürren Ebenen Mexikos 1804 Samen nach Berlin, wo der Berliner Botaniker Wildenow die Pflanze ebenfalls nach einem Botaniker nannte, aber diesmal nach dem Petersburger Georgi *Georgine,* sodass östlich des Rheins Georgine ist, was westlich des Rheins Dahlie heißt. Otto, der Inspektor des Berliner Botanischen Gartens, war der wichtigste Georginenzüchter, und von Berlin aus verbreitete sich die Georgine über den Kontinent. In Leipzig konnte der Hofgärtner Breiter

1806 schon mehr als 55 Spielarten zeigen, und der Garteninspektor Hartweg in Karlsruhe zog die erste gefüllte Georgine. Die *Georgine variabilis* wurde die Stammpflanze von 2000 Sorten. Wir alle kennen die Fülle der verschiedenen Georginen, offene und geschlossene, pomponartige, kleine und sehr große in allen Farben und Nuancen. Ein französischer Philosoph führte die Georgine als Beweis gegen den Ausspruch J. J. Rousseaus an, dass alles unter den Händen des Menschen degeneriere.

Englische Reisende waren am Anfang des 19. Jahrhunderts überrascht von der Farbenfülle und dem Blütenreichtum der Berliner Georginen, doch die Berliner Gärtner zahlten auch 100 bis 150 Taler nach England für eine schöne Sorte. 1826 züchtete man in England 60 Sorten, eine Zahl, die sich 1841 auf 1200 erhöht hatte. Für eine blaue Georgine wurde ein Preis von 20 000 Mark ausgesetzt. Die Georginen waren so beliebt, weil sie einen Übergang zwischen Büschen und Zierpflanzen bilden. In Frankreich begann eine Georginenmanie, die fast schon die Ausmaße der Tulpenwut annahm. 1838 wurde ein Georginenbeet, das schön angelegt und gut gepflegt war, für 70 000 Francs gekauft, und eine Georgine wurde gegen einen seltenen Diamanten getauscht.

Die geheimnisvolle Reseda

Es ist zwar nicht klar, warum sämtliche Bücher über Blumen die Reseda geheimnisvoll nennen, aber sie tun es. Der französische Arzt Granger hat als Erster Samen, den er in der Cyrenaika gesammelt hat, an den Königlichen Garten in Paris geschickt. 1742 sandte dann Lord Bateman die Reseda von Paris an Richard Bateman in Old Windsor. Zehn Jahre später kam Samen aus Leiden in den Botanischen Garten in Chelsea, aber ein Jahr darauf, 1753, war die Reseda noch nicht in Uppsala bekannt, und sie ist daher bei Linné nicht verzeichnet. In London dagegen wurde Reseda in einem derartigen Ausmaß angepflanzt, dass ein Zeitgenosse schrieb: »Sie erfüllt die Londoner Luft beinahe zu stark, beinahe so stark, wie der Geruch frisch gerösteten Kaffees die Pariser Luft erfüllt.«

Kaiserin Josephine, die große Blumenliebhaberin, hat zuerst Reseda in Töpfe gepflanzt. Damit wurde der Resedatopf in ganz Europa Mode. In Südfrankreich entstand eine Industrie für Resedabuketts, die massenweise in Paris abgesetzt wurden. Ein Hektar, der mit Reseda bepflanzt war, brachte im Jahr acht- bis zwölftausend Mark ein. Am Ende des 19. Jahrhunderts waren tatsächlich in jedem Garten Reseden zu finden.

Dass die Reseda herrlich geduftet haben muss, beweist das beliebte Lied: »Stell auf den Tisch die duftenden Reseden.« Unglücklicherweise reimt sich »reden« auf Reseden, was zu dem Satz verführte: »Und lass uns wieder von der Liebe reden«, und das ist das Letzte, was man mit der Liebe tun sollte!

Vor Kurzem sah ich ein Beet mit Reseden, und der junge Gärtner fragte sich und mich: »Wozu man die Dinger pflanzt, weiß ich wirklich nicht.« Und ich erwiderte, wie man von einmal schön gewesenen Frauen sagt: »Sie haben einmal herrlich geduftet.«

Genauso hat Heliotrop, das berauschend nach Vanille roch, seinen ganzen Duft verloren.

Eine brillante Karriere durch die Victoria regia

Der Name Mr. Paxtons wird für immer mit der *Victoria regia* verbunden sein. Zuerst wurde sie 1801 vom Botaniker Haenke in Südamerika entdeckt, aber Haenke starb, und alles ging mit ihm verloren. Dann sah Bonpland, der Begleiter Alexander von Humboldts, die *Victoria regia* auf einem Nebenfluss des Rio Plata, war begeistert, so begeistert, dass er fast ins Wasser fiel, aber er brachte nichts nach Hause. 1828 wurde sie von d'Obigny gefunden. Er sammelte Blume, Blatt und Frucht, aber auch hier blieb nur ein Blatt übrig, bis endlich Sir Richard Schomburgk sie 1837 in Guyana entdeckte. Er nannte sie *Victoria* – die achtzehnjährige Victoria war gerade in England zur Regierung gekommen –, und der Londoner Botaniker Lindley fügte *regia* hinzu. Eine in Weingeist konservierte Blume war alles, was Schomburgk heimbrachte. 1846 wurden die ersten Samenkörnchen in die europäische Erde des Botanischen Gartens von Kew gesteckt. Von 22 Samenkörnern keimten zwei Stück. Aber die Pflänzchen starben. Dann säte man noch einmal Samenkörner aus – endlos muss die Geduld der Blumenfreunde sein –, und zwar in den Bassins von Kew. Dort gediehen sie herrlich. Man wollte das Risiko des Aufziehens teilen und gab die Pflänzchen an verschiedene Gärtner, unter anderen an Mr. Paxton, den Intendanten der herrlichen Gärten des Herzogs von Devonshire zu Chatsworth, wo das Treibhaus einen halben Hektar bedeckte. Darin war ein einen Quadratmeter großes Becken, das einen Meter tief war. Am 3. August 1849 hatte das Pflänzchen in Chatsworth vier offene Blätter und ein sich entwickelndes Blatt. Im September waren es 19 Blätter. Das größte Blatt war einen Meter lang. Das Becken erwies sich als zu klein. Man konstruierte sofort ein doppelt so großes. Jedes Blatt nahm täglich um 30 Zentimeter zu, und zwar nur durch Vergrößerung bereits gebildeter Zellen. Es wuchs Tag und Nacht; von 12–13 Uhr am stärksten, am Nachmittag ein Minimum, in der Nacht zwischen 12 und 1 Uhr kam ein zweites Maximum, und gegen

Morgen sank es zu einem zweiten Minimum herab. Die Temperatur des Wassers wurde auf 22 bis 24 Grad Réaumur gehalten. Die Blätter hatten 2,13 Meter Durchmesser. Die einzelnen Blätter waren schwer wie ein kleiner Kahn. Am 1. November erschien der erste Blütenpunkt. Am 8. November entwickelte sich die erste Blüte. Die Knospe war 15 Zentimeter über das Wasserniveau gestiegen und öffnete sich am Abend.

Nach zwei Tagen war der Duft vorüber, nach drei Tagen hatte alles ein Ende.

Am 14. November wurde Mr. Paxton von der Königin und dem Prinzgemahl Albert im Schloss von Windsor empfangen, um ein Blatt vorzulegen. Es war das erste in Europa. Mr. Paxton wurde dann sehr bald mit dem Bau des Kristallpalastes für die Weltausstellung von 1851 beauftragt. Er ging vom Prinzip des Treibhauses aus und errichtete ein Glasgebäude, dessen Teile in der Fabrik hergestellt waren. Das bedeutet, dass er seiner Zeit um mindestens siebzig Jahre voraus war. Sein Assistent war Gottfried Semper, der spätere große Wiener Baumeister, der nach der Achtundvierziger Revolution nach England geflohen war.

Die *Victoria regia* erblickte das Licht der europäischen Welt in einem freundlichen Zeitalter und unter feinen Leuten. Vorüber schien die Rohheit der Zeit, in der die blühende Aloe ein tragisches Ende fand.

1851 prangte die *Victoria regia* in Gent, Hannover und Hamburg. In Berlin wurde sie zuerst in den Borsigschen Gärten in Moabit gezogen, ein besonderer Glaspalast wurde für sie erbaut. Am 19. Juli 1852 öffnete sich die erste Blüte, und ganz Berlin lief hin, so wie ganz Paris zur Kamelienschau gelaufen war.

Wasserrosen wurden Mode, lange Ranken über die Balltoilette, ins Haar gesteckt, um den Ausschnitt gewunden. Die Wasserrose ging einer glänzenden Zukunft entgegen. Um die Jahrhundertwende durfte kein Badezimmer, das auf sich hielt, ohne Wasserrosenkachelrand erscheinen. Das Wasserrosenornament wurde für den Jugendstil, was für die Renaissance das Granatapfelmuster, was für das Rokoko die Rose war.

Alle Welt wollte Wasserrosen haben. Man ließ sie aus Ostindien und aus Ägypten kommen, und eine besonders herrliche Blume kam von der Ostküste Afrikas.

Vergissmeinnicht, Flieder und Maiglöckchen

Um 1800 erfreute sich das Vergissmeinnicht ungemeiner Beliebtheit in Frankreich, und noch 1855 war es die Liebes- und Freundschaftsgabe in Paris. Noch 1900 war es eine der bekanntesten Blumen, allerdings mehr theoretisch, als Dekoration für Kalender und Postkarten oder als lyrische Floskel.

Vergissmeinnichtaugen wurden gern mit Rosenmündchen und lilienweißer Haut zusammen genannt. Vergissmeinnicht sind heutzutage, genau wie Schwalben auf Telegrafendrähten, völlig aus der Mode gekommen, und nur auf öffentlichen Plätzen werden sie manchmal mit Goldlack zusammen angepflanzt.

Der Flieder ist zwar ein Strauch und gehört genau genommen nicht in dieses Buch, aber andererseits gehört er zu den Blumen, die für den Handel und im Garten und für den Schmuck des Hauses und der Tafel eine große Rolle spielen. In den Neunzigerjahren zogen die Pariser Treibereien enorme Mengen weißen Flieders. Ein einziger Treibgärtner in Paris beschäftigte »achtzig Leute und acht kräftige Pferde« und verdiente 400 000 bis 600 000 Mark in jeder Saison. Flieder kam im November und Dezember ausschließlich aus Paris in die europäischen Städte, wohingegen Treibhausmaiglöckchen von Berlin in riesigen Mengen nach Paris und in andere Städte geschickt wurden. Der so einträgliche getriebene Flieder wurde weiß durch Dunkelheit und hohe Hitzegrade. Es waren die Sorten *Syringa vulgaris Charles X* und *Syringa vulgaris Marlyensis.*

Orchideen

Die Orchideen sind Blumen, die mehr als jede andere Blume einen ganzen Komplex von Empfindungen erregen, wenn man ihren Namen ausspricht. Eine Orchidee, das ist schwüle Tropenhitze, gefährliches Getier, das sind dunkle Süchte. Tatsächlich haben alle diese Empfindungen eine Berechtigung bis auf die schwüle Tropenhitze, da es auch am Polarkreis und in der gemäßigten Zone Orchideen gibt. Diese Empfindungen sind außerdem uralt. Orchis war der Name eines jungen Mannes, der eine Priesterin des Bacchus zu vergewaltigen versuchte. Er wurde sofort von ihren wilden Tieren, den Begleitern des Bacchus, zerrissen, und sein verstümmelter Körper in eine Orchidee verwandelt.

Alle Orchideen sind Aphrodisiaka, und die Wurzeln der Orchideen wurden als Lieblingsspeise der Satyrn betrachtet. L'Obel nannte das Hundsveilchen (oder den Hundezahn) *Erythronium satyrion,* weil es eine noch stärkere Wirkung hat als die Orchideengewächse. Er glaubte, dass dies das wahre Satyrion des Dioskurides sei. Übrigens diente die Zahnlilie *(Erythronium dens canis)* den Tataren als Aphrodisiakum. Die zermahlene Wurzel der Orchidee, in heißer Milch und mit Ingwer gewürzt, war der Lieblingstrank der Perser und Türken und wurde in Ispahan und Konstantinopel in sogenannten Salopsalons getrunken. Am Ende des 18. Jahrhunderts wurde das Salopppulver auch nach London geschickt, wo Salopsalons eröffnet wurden, in der Stadt Europas, der man Derartiges als Letzter zugetraut hätte!

L'Ecluse erwähnte als Erster 1605 die Vanillenorchidee. Die Azteken benutzten Vanille, um Schokolade zu würzen, lange vor der Entdeckung Amerikas. Erst am Ende des 17. Jahrhunderts wurden dann die Baumorchideen bekannt. Nach der aufsteigenden Kurve, die wir nun schon kennen, kannte Linné 1764 dreißig, Lindley 1830 tausend, de Puyot 1880 sechstausend und A. W. Anderson 1950 gar zehntausend verschiedene Orchideen.

Orchideen sind, abgesehen von ihrer Schönheit, so beliebt, weil sie sich lange halten, wenn sie abgeschnitten sind, und sie sind so haltbar, weil sie oft wochenlang warten müssen, bis ein ganz spezielles Insekt sie hoch im Baum findet und die Befruchtung vollzieht. Orchideen sind Schmarotzerpflanzen, die sich in einer Baumrinde festklammern. Sie wachsen im tropischen Urwald oft sechzig bis hundertzwanzig Meter hoch auf den Baumriesen.

Die wichtigste Orchidee für den Handel ist die *Cattleya,* die 1818 in den südamerikanischen Anden entdeckt und einem Mr. Cattley in Barnet, England, gesandt wurde.

Orchideen zu ziehen ist so schwierig, und sie sind so teuer, dass sie die richtigen Blumen für Millionäre sind. Die ganze Tulpennarretei von 1634 ist bescheiden, verglichen mit den Summen, die für Orchideen ausgegeben wurden und werden. Es gab 1914 in der ganzen Welt nur vier Orchideenimporteure: in St. Albans, England, in New Jersey, USA, in Paris und in Berlin. Eine Firma, die einen Orchideensucher aussandte, musste mit einem Kostenaufwand von 60 000 Mark rechnen. Aber der Beruf des Orchideenjägers war auch sehr gefährlich. Für drei Exemplare eines *Odontoglossum* muss ein Baum gefällt werden, und was für ein Baum: der Riese eines Urwalds, der nie eine Axt gesehen hat. Einem Orchideensucher wurden 20 000 Mark für die Beschaffung eines *Cypripedium fairrieanum* geboten, aber er wurde von einem wilden Volksstamm gezwungen, an seinem Krieg teilzunehmen, und fand dabei den Tod. Léon Humblot ging nach Madagaskar und schoss aus Versehen Vogelschrot in ein Götzenbild. Er wurde von den Priestern mit Öl begossen und verbrannt. Das *Cypripedium fairrieanum* gehört zu dem ausgedehnten Stamm der verlorenen Orchideen. Sie war 1855 im Himalaja entdeckt worden und trägt den Namen von Mr Fairrie aus Liverpool, der sie auf einer Auktion von Pflanzen aus Assam erwarb. Später ging sie verloren.

Einem Orchideenzüchter gelang es, von Samen der *Cattleya thayeriana* achtzig Pflanzen zu ziehen, die völlig verschieden waren. Sie waren weiß und rosa, sie waren rot und lila, sie hatten orange und purpurrote Streifen auf einem Hintergrund von allen roten Tönen. Eine andere *Cattleya* ging schließlich völlig verloren, und man wusste auch nicht mehr, wo sie ursprünglich herkam. Die Orchideenjäger suchten sie siebzig Jahre lang. »Im Sommer 1889 entstand das Gerücht, sie sei in Paris aufgetaucht. Ein Sachverständiger bestätigte, dass sie von den Urwäldern Brasiliens zurückgekehrt sei.« Für die Blaue Orchidee wurden um 1850 sechzig bis zweihundert Mark bezahlt. Geschäftsleute exportierten sie von Assam in solchen Mengen, dass die Regierung die Ausfuhr verbot, um sie vor der Ausrottung zu schützen. Die Blaue Orchidee war die erste wilde Blume, die durch Gesetz geschützt wurde. Als die erste *Phalaenopsis Aphrodite* 1836 von den Philippinen gebracht wurde, bezahlte der Herzog von Devonshire sofort 2000 Mark dafür. Er sandte dann seinen Botaniker nach Ostasien, von wo man hundert verschiedene Orchideen zurückbrachte. Es gibt viele Geschichten von Orchideen, zum Beispiel die von Mr. Harvey, der ein Exemplar der *Laelia anceps* im Treibhaus von Mr. Sander sah, die ihm ungewöhnlich erschien. Er kaufte die Knolle von Mr. Sander für achtundvierzig Mark und verkaufte sie ihm wieder für viertausend Mark, nachdem sie einzigartige Blüten getrieben hatte.

Heutzutage fahren Orchideenjäger auf eigene Kosten; was sie zurückbringen oder zurückschicken, wird ihnen gern abgenommen. Abgesehen davon, dass ein Orchideensucher schnell ein reicher Mann werden kann – für eine einzige Orchidee sind schon 41 000 Mark geboten und zurückgewiesen worden –, hat die Orchideensuche in den unberührten Urwäldern den Reiz aller Entdeckungsfahrten.

Ausgezeichnete Orchideensammler sind die Berok-Affen in Malaya. Merah, ein besonders intelligenter Berok-Affe, hat 1936 ausgewählte Exemplare von 300 Bäumen gesammelt. Die Berok-Affen wurden dazu erzogen, sich erst einmal an Kokosnüssen und Mango satt zu essen, bevor sie ans Sammeln gingen. Der Botaniker hielt das Äffchen an einer langen Schnur und forderte es auf malayisch auf, eine Blume zu holen oder sie stehen zu lassen. Merah, z. B., konnte 18 Worte Malayisch. Seitdem die Engländer das Land verlassen haben, werden, wenigstens im Augenblick, keine Berok-Affen mehr als Pflanzensammler trainiert, und die Angestellten des Botanischen Gartens in Singapur haben die Pflanzer gebeten, ihnen mitzuteilen, wenn sie einen Baum fällen, damit sie ihn am Boden nach Pflanzen absuchen können.

In tropischen Gärten werden Orchideenwurzeln mit Holzbrettchen an Bäumen befestigt, und man schneidet sie ab wie bei uns die Rosen, um sie Gästen mitzugeben.

Die Erfindung des Staudengartens

Ende des 19. Jahrhunderts übte wiederum ein Buch einen großen Einfluss aus: *The English Flower Garden* von William Robinson, 1883. Robinson und Gertrude Jekyll sind die Schöpfer des Staudengartens, der ein Kind des sonnen- und farbentrunkenen Impressionismus ist.

Monet war ein herrlicher Gärtner, und viele sagen, dass sein Garten seinen Gemälden gleichwertig gewesen sei.

Für den Blumenreichtum der Welt war nun die passende Form gefunden: der Rasen nämlich, der von geraden Beeten eingefasst ist. Die Abstimmung der Farben, die Abstimmung der Höhen und Formen begann eine große Kunst zu werden. Die Beete von März bis November blühen zu sehen war das Ziel, der große Ehrgeiz des Gärtners geworden. Es ist kein Zufall, dass diese Blumengärten besonders viel einer Frau verdanken, eben jener Gertrude Jekyll. Der Landschaftsgarten der reichen Herren wurde vom Staudengarten der zeitgemäßen bescheidenen Frauen – Frauen in England – abgelöst, denn Foerster, der deutsche Philosoph der Staude, ist ein wunderbarer Landschaftsgärtner, aber er stellt jede Pflanze für sich allein hin, was gewiss herrlich ist, aber nichts mit Höhen und Farben des Staudenbeets im heute üblichen Kleingarten einer Welt zu tun hat, die sich unmerklich sozialisiert hat.

Dieser Staudengarten, Rittersporn und Russel-Lupinen, Helianthus und Malven und Sternastern und Phlox und Chrysanthemen, dieser Staudengarten mit seinen Dialogen:

»Ach, Sie haben auch Rosen im Staudenbeet?«

»Ja, natürlich, auch Zwiebelgewächse.«

»Auch Büsche, sehe ich.«

– dieser Staudengarten ist für Millionen das gleiche Glück geworden, das es einst für Tausende war, die Natur in eine romantische Landschaft umzuarbeiten.

Der heutige Garten ist ein Blumengarten, ein Pflanzengarten. Der Steingarten, das Staudenbeet, der Rosengarten beherrschen ihn. An die Stelle der gotischen Ruine oder des Tempels der Freundschaft sind Schwimmbad oder Tennisplatz getreten. Eine kurze Zeit gab es den gemauerten Blumenkasten oder, wie zum Beispiel vor dem Rathaus von Kopenhagen, auf einem großen asphaltierten Platz, die Zementkübel, moderner Ersatz für den geschnittenen Buchsbaum. Der Kiesweg ist tot. Vielleicht werden ein paar Platten ins Gras eingelassen, um nasse Füße zu vermeiden, was aus Japan kommt; oder es wird ein Plattenweg angelegt, aus dem Aubretien und Thymian wachsen. Schon Bacon riet um 1600 dazu, Wege mit Pimpernelle, Thymian und Pfefferminze zu bepflanzen, die köstlich duften, wenn man sie mit Füßen tritt. Corbusier wollte wieder seine Häuser auf derbe Wiesen stellen, auf denen das Vieh grast.

Aber das alles ist nicht das Übliche. Das Übliche sind die Blumen, ja, mehr noch, die Blume wurde wichtiger als das Ganze. Eine tiefe Blumenliebe beherrscht unsere Zeit. Die Blumenausstellungen sind nicht mehr wegzudenken. Der Ehrenpreis für ein besonders gutes Exemplar ist wieder Ziel des Ehrgeizes geworden, wie in Holland vor der Tulpenwut. Eine Spezialisierung ist eingetreten, die nichts mit Modeblumen zu tun hat. *Jede* Blume hat ihre Spezialisten, ihre Vereinigung, ihr Jahrbuch, ihre regelmäßige Ausstellung, ihre Verehrer. Es gibt Schau- und Mustergärten, wie *Planten un Blomen* in Hamburg, das die schönsten Phloxe und Lupinen hat, eine helle, heitere Welt, und doch mehr botanischer Garten als neue Gartenform. In Berlin gab es einen Platz, der von den geradezu gemeinen Spekulationsbauten von 1910 umgeben war. Dieser Platz hatte die üblichen Behördenbeete. Dann wurde er durch Bomben verwüstet. Er war zu einer Mondlandschaft, einer Urlandschaft geworden. Ein paar Jahre später gab es dort wieder ein gerades Beet mit Stauden, bescheiden, aber immerhin ein Zusammenklang von leuchtenden Farben und ein Zusammenhang mit der Welt. Wie eh und je waren geistige Dinge, waren Gartenformen weitergereist. Was vor siebzig Jahren mit Mr. William Robinson und Gertrude Jekyll begonnen, war nun angelangt zwischen Oder und Elbe am Bayerischen Platz.

Stauden

Ohne die neuen Stauden und einjährigen Pflanzen ist der moderne Garten undenkbar. Ich empfinde immer das Staudenbeet als einen verfeinerten Bauerngarten. Hier wie dort herrscht die Farbe. Aber im Augenblick, wo man sich mit der einzelnen Blume beschäftigt, verschwindet die Erinnerung völlig. Die moderne Staude ist der größte Triumph des Fortschritts, gemahnt immer wieder an jenen französischen Philosophen, der die Entwicklung der Georgine für den besten Beweis erklärte, dass alles immer schöner und besser werde. Botanik ist eine Wissenschaft für Optimisten oder vielleicht für Pessimisten, die auf diese Weise gezwungen werden, an Fortschritt zu glauben. Ich rede nicht davon, dass die Blumen immer größer und höher und farbiger werden, sondern davon, dass sie auch ungezieferfreier, stärker, kräftiger, gesünder werden.

Die meisten Stauden kommen nicht aus Europa, und auch das finde ich beglückend, dass alle Länder dazu beitragen – wenigstens in der Theorie beitragen könnten –, alle anderen Länder schöner zu machen.

Stauden sind winterharte Dauergewächse, die jeden Winter verschwinden, um im Frühjahr einen wahren Wald von neuen Trieben zu bringen. Eine der beliebtesten Stauden ist die Lupine. Es gibt sie heute in jeder Farbe, vom tiefsten Purpur bis ins weißliche Gelb, ja, unter den Russel-Lupinen, d. h. unter den zweifarbigen Lupinen, die Mr. Russel in 25-jähriger Arbeit entwickelt hat, gibt es solche, deren einzelne Blüte eine Farbenzusammenstellung hat, die ungewöhnlich in der Natur ist und wie ein marineblaues Kostüm mit weißer Bluse aussieht.

Lupinen oder Feigbohnen waren noch vor wenigen Jahrzehnten nichts als ein anständiges Viehfutter. Sie wurden als Dung benutzt und in sandigen Boden eingegraben, von den Römern bis tief ins 19. Jahrhundert. Sie waren gelb und duftend und gemein und kamen aus Schlesien. Es gab eine blaue Lupine in Arabien und Persien und eine rosa in Südeuropa. Merkwürdigerweise war die Lupine eine Lieblingsnahrung in Rom. Man war der Meinung, sie beflügle die Fantasie. Von dem griechischen Maler Protogenes hieß es, er esse nur Lupinen. Es wird erzählt, dass der Feldherr Demetrius während der Belagerung von Rhodos sich weigerte, an den Teil der Stadt Feuer zu legen, wo Protogenes arbeitete. Als man nach Einnahme der Stadt Protogenes ruhig malend in seinem Garten fand, fragte man ihn, wieso er nicht mehr Notiz vom Kriege nehme. Er antwortete: »Demetrius führt ja Krieg gegen die Leute von Rhodos und nicht gegen die Kunst.« Ob diese Seelenruhe wirklich von der Ernährung mit Lupinen kommt, kann ich nicht bezeugen. So viel von Feigbohnen. Aber die dauernde

Staudenlupine, das stolze, farbige Gewächs, kam 1658 aus Virginia in Nordamerika.

Auch von Nordamerika, und zwar von den Prärien, kamen Helenium und der rosa Federmohn und, 1725, fünfzehn Spielarten des Phlox. Von dem ersten Amerikaner, der ein Botaniker wurde, John Bartram, wurden die Herbstastern nach Europa gesandt und einige der schönsten Magnolien. Er hat auch, 1731, den ersten botanischen Garten Amerikas in seiner Heimatstadt Philadelphia angelegt.

Von Kanada kamen 1656 die Monarden und die Goldrute *(Solidago)*, die in England eine Art von Unkraut ist, das man herausreißt. Aber in Tirol sah ich *eine* Goldrute als Mittelstück eines runden Beetes. Solch einen Unterschied macht es, ob etwas selten oder häufig ist. Die Goldrute soll im 16. Jahrhundert eines der teuersten Heilmittel gewesen sein. In den Vereinigten Staaten gab es 75 verschiedene Sorten.

Schon im 16. Jahrhundert kam die Stockrose *(Athea rosea)* vom Orient nach England, wo sie ein Schuhmacher verbesserte, und um 1850 hatte fast jeder englische Garten eine Sammlung von Stockrosen. Die *Rudbeckia,* ein Sonnenball, die mächtige gelbe Staude, kam von Neu Mexiko und von Sibirien. Sie wurde nach Rudbeck benannt, dem schwedischen Arzt und Professor der Botanik, der Linné zu seinem Assistenten ernannte und seine Kinder von ihm unterrichten ließ und der den Botanischen Garten in Uppsala gegründet hat. Linné wohnte später in Rudbecks Haus. Haus und Garten sind zur Erinnerung an Linné genauso erhalten geblieben, wie sie zu seinen Lebzeiten waren.

Von Peru kam 1569 *Helianthus,* die Sonnenblume. Sie wurde *Helianthus* genannt, weil ihr Gesicht der Sonne folgt. Sie schaut morgens nach Osten und abends nach Westen. Wissenschaftler erklärten, dass ihr Stamm auf der Schattenseite schneller wächst als auf der Sonnenseite. Sie ist ebenfalls eine majestätische Staude von einem strahlenden Gelb, die zwei Meter hoch wird. Die Spanier sahen sie im Mai in Massen blühen. Die jungen Mädchen trugen bei den religiösen Festen in Peru Helianthuskränze, Helianthussträuße, ja sogar Helianthusbrustplatten aus reinem Gold. Eine der winterharten Arten kam aus Virginia in den Vereinigten Staaten.

Es kamen aber auch eine Unmenge einjähriger oder Sommerblumen aus Amerika. Das sind Blumen, deren Lebensbahn in einem Jahr beendet ist. Dazu gehören die beliebte Balkonpflanze *Petunia,* die von den warmen Tälern Südbrasiliens kommt, die Studentenblume *(Tagetes),* die *Calliopsis* und die Tabakpflanze. Aus Chile kam die *Salpiglossis* und aus Peru unsere liebe Kapuzinerkresse, von der dreißig verschiedene Sorten auf der Pariser Weltausstellung von 1878 zu sehen waren.

Aus Südamerika brachte Plumier auch die kleine

Lobelie mit. Plumier muss ein freundlicher Mann gewesen sein, der gleich zwei Botaniker unsterblich gemacht hat: l'Obel mit der Lobelie und Fuchs mit der Fuchsie. Besonders schöne Exemplare der Lobelie kamen fünfzig Jahre später mit Humboldt und Bonpland aus Mexiko. Die Begonien stammen aus Bolivien, Peru und Venezuela und die Zinnien aus Mexiko, Arizona und Texas. Die Zinnia ist hässlich, wenn sie allein und steif und einzeln in einem Beet steht, aber als Strauß wirkt sie außerordentlich dekorativ. Die Zinnia heißt nach Johann Gottfried Zinn (1727–1759), der in Schwabach bei Nürnberg geboren wurde und alle Pflanzen beschrieb, die um die Universität Göttingen wuchsen. Botaniker beschränkten sich öfter auf solch kleinen Fleck, zum Beispiel beschrieb Héritier die Flora der Place Vendôme. Héritier, der Redouté entdeckt hatte, wurde während der Französischen Revolution im Temple eingekerkert. Als er entlassen wurde, fand er einen kleinen Posten im Justizministerium und benutzte seine freie Zeit, um die Flora der Place Vendôme zu untersuchen. L'Obel hat – neben vielem anderen – eine Botanik von Montpellier geschrieben.

Von Amerika kamen auch die Agava und der Feigenkaktus *(Opuntia)*, dieses bescheidenste aller Gewächse, das in den unfruchtbarsten Gegenden wächst und so charakteristisch für die Landschaft des östlichen Mittelmeers ist, dass sich die in Israel geborenen Juden *Sabre* (Feigenkaktus) nennen. Sie halten ihn für ein Symbol ihrer selbst, weil die stachelige Frucht innen süß ist. Sie ahnen wahrscheinlich nicht, dass der *Sabre* ein Einwanderer aus Amerika ist.

Die *Eschscholtzia* bedeckte Kalifornien in solchem Ausmaß, dass die Spanier Kalifornien das »Feuerland« nannten oder den »Goldenen Westen«. Es ist hübsch, dass also der Ausdruck »Goldener Westen« nicht von den Goldfunden kommt mit ihren Hekatomben von Menschenopfern und nicht von dem Reichtum, der in Kalifornien erarbeitet werden konnte, sondern von einer gelben Mohnblumenart, die die Spanier dem heiligen Pascuan, dessen Farbe Gelb war, weihten. Sie ist das Wappen Kaliforniens geworden. Chamisso brachte sie 1815 von seiner Entdeckungsreise mit Kapitän Kotzebue zurück und gab ihr, nach dem Mitreisenden Dr. Eschscholtz, den in allen Ländern gleich unaussprechlichen Namen *Eschscholtzia.* Nur die Spanier blieben bei ihrem schönen *Capa d'ora,* Goldmantel. Auch der La-Plata-Fluss verdankt seinen Namen einer Pflanze. Die Spanier nannten ihn *la Plata,* weil die ganze Gegend von der Zephyranthuspflanze silbern *(plata)* schimmerte.

Es ist klar, dass die blumenliebenden Holländer sich sehr früh um die prachtvolle Flora ihrer südafrikanischen Kolonie kümmerten. Schiffe, die nach Ostasien fuhren oder von Ostasien heimkehrten, versahen sich am Kap der Guten Hoffnung mit Proviant und Wasser. Briefe wurden ausgetauscht, und die nach Holland Heimkehrenden nahmen auch Zwiebeln und Pflanzen vom Kap mit. 1659 erlitt eines der holländischen Schiffe im englischen Kanal Schiffbruch. Als neue, wunderschöne Blumen in Guernsey, einer der Kanalinseln, wuchsen, nahm man an, sie stammten aus Japan, woher das untergegangene Schiff kam. Die Blumen wurden als Guernsey-Lilien nach London geschickt, wo sie sehr gefielen, und seit 300 Jahren ist die Nachfrage größer als das Angebot. Erst 150 Jahre später, Ende des 18. Jahrhunderts, entdeckte der Engländer Masson die Guernsey-Lilie *(Nerine sarniensis)* auf dem südafrikanischen Tafelberg.

Die Pelargonien-Geranien kamen schon 1690 vom Kap der Guten Hoffnung in den botanischen Garten in Leiden. Geranien waren im Beginn des 19. Jahrhunderts Mode, aber noch heute sind die öffentlichen Plätze aller Länder, die Balkons deutscher Städte, die Blumenkästen vor den Fenstern ganz Europas, aber auch die üblichen Gärten gar nicht vorstellbar ohne Geranien. Von Südafrika stammen auch die Gladiolen. Vom Kap der Guten Hoffnung kam 1731 die Calla. Sie wurde im späten 18. und frühen 19. Jahrhundert viel bei der Dekoration von Festräumen benutzt. Sie blüht von Januar bis Juni. »Also«, schreibt ein Zeitgenosse, »in der englischen ›Season‹ wurde sie als Kerzenpflanze bezeichnet, weil ihr das Kerzenlicht so gut stand.« Auch Kniphofia, die Fackellilie, kam 1707 von Südafrika. Am Ende des 19. Jahrhunderts wurden besonders schöne Exemplare von Max Lichtlein im botanischen Garten in Baden-Baden gezogen. Sie heißt Kniphofia zu Ehren eines Professors Kniphof in Erfurt, der 2000 »Naturdrukke« veröffentlichte. Bei diesem Verfahren wurden die getrockneten Pflanzen geschwärzt, mit einer Presse abgedruckt und nachher angemalt.

Aus einer ganz anderen Ecke der Welt stammt unsere schönste Staude, der Rittersporn *(Delphinium grandiflorum).* Den Samen der winterharten Staude sandte 1758 ein Doktor Amman aus Petersburg an Doktor Miller in Chelsea. Diese Staude kommt aus Sibirien. Die Sommerblume Rittersporn hieß noch zu Goethes Zeiten Lerchenfuß.

Eine sehr späte Errungenschaft unserer Gärten ist *Lilium regale,* die Königslilie. Sie wuchs nur an einer einzigen und noch dazu sehr schwer zugänglichen Stelle der Welt, im chinesischen Min-Flusstal, das an Tibet grenzt. Die englische Gartenfirma Veitch sandte 1910 wieder einmal eine botanische Expedition aus. Ihr Leiter, Mr. Wilson, fand die Lilie. Das Abenteuer seines Fundes mag hier erzählt werden als ein Beispiel für all die Abenteuer, die kühne und gelehrte Leute zu bestehen hatten, um unsere Gärten mit den wunderbaren Blumen der Welt zu füllen. Eine enge Straße, ein Hauptverbindungsweg zwischen China und Tibet, führt im Min-Flusstal durch eine Schlucht zwischen bröckeligem Gestein. Wilson hatte alles organisiert, um 7000 Zwiebeln der Königslilie abzusenden, und befand sich in dem Tal, als ein Felsblock ihm ein Bein zerschmetterte. Hinter ihm kamen fünfzig Maulesel. Wilson musste auf seinem Rücken quer über den Pfad gelegt werden, und die Tiere, kluge und vorsichtige Maulesel, stiegen über ihn hinweg, ohne ihn zu berühren. Obwohl das Bein eitrig wurde, konnte er nach Hause transportiert werden und überlebte den Unfall. Von seinem Fund und von seinen 7000 Zwiebeln stammen alle die Millionen Königslilien in den Gärten der Welt.

Der zukünftige Garten?

Es mehren sich die Anzeichen, dass der Staudengarten, um es ganz vorsichtig auszudrücken, anfängt, überholt zu sein. Stauden zu ziehen, und zwar von Samen, macht zwar viel Freude, aber auch viel Arbeit. Stauden müssen gestützt, geschnitten, ausgegraben und versetzt werden. Immer gibt es kahle Stellen im Staudenbeet, die ausgefüllt werden müssen. In Westeuropa und in den Vereinigten Staaten steht die Zivilisation unter der Devise des Arbeitsparens: »Man bekommt niemanden.« Damit fällt jedes Gärtnern, das viel Zeit und Mühe kostet, fort. Die meisten Privatgärten dürfen nicht mehr Mühe machen, als die Hände der Familie in ihrer Freizeit leicht bewältigen können. An die Stelle der Stauden pflanzt der bequeme oder Sonntagsgärtner Büsche, die kaum eine Wartung brauchen.

Aber selbst öffentliche Stellen lieben die Stauden nicht mehr so recht.

In Frankreich sowohl wie in Deutschland sah ich neue Arten des Blumenpflanzens, die wahrhaft wundervoll waren. In Versailles und vor dem Palais Luxembourg in Paris waren im Juli große Flächen mit vielfarbigen Petunien bepflanzt, zwischen denen einige wenige gelbe Blumen aufleuchteten. Es war, wie bei den Glasfenstern in Chartres, ein blau-lila-rotes Geflimmer, zwischen dem hie und da ein Gold schimmerte, ein Eindruck von vollendeter Schönheit! In Berlin, an den Ausstellungshallen am Funkturm, waren große unregelmäßige Flächen mit der gleichen Sommerblume bepflanzt. Es waren keine Beete. Es sah aus, als ob auf einer Gebirgswiese nicht vielerlei Blumen, sondern nur eine einzige Sorte wüchse, aber so dicht, dass kein Grün mehr zu sehen ist. Es waren sozusagen rote oder blaue Wiesen. Es war ganz eigenartig und ganz neu.

»Alles fließt«, sagte ein griechischer Philosoph. Das Leben geht weiter, der Menschengeist findet und erfindet immer wieder etwas Neues. Nichts ist endgültig, und sei es auch nur die Art, wie man Blumen pflanzt.

Die Rolle der Blumen im täglichen Leben

Wir sind ans Ende des 19. Jahrhunderts gekommen mit seinem bürgerlichen Glanz, dem Höhepunkt englischer Macht, der dritten französischen Republik, dem neuen deutschen Kaiserreich, wir sind im 20. Jahrhundert, in dem sich, trotz zweier grauenvoller Kriege, die gesellschaftliche Basis überall, oft unmerklich, verbreitert hat.

Blumen werden zu allen freudigen und allen traurigen Ereignissen des Menschenlebens gebracht, an den Sarg, an das Kindbett, an das Krankenlager. Blumen werden der Gastgeberin überreicht und als Willkommensgruß geschickt, Blumen werden an die Eisenbahn, ans Schiff und ans Flugzeug gebracht. Immer mehr bürgert es sich ein, dass jeder offizielle Empfang mit Blumenarrangements und großen Blumensträußen verbunden ist. Keine Schauspielerin, keine Gattin eines Gesandten, keine Einkäuferin eines Warenhauses wird ohne riesigen Blumenstrauß im Arm fotografiert.

Es gibt keine Gelegenheit, zu der nicht Blumen geschickt werden, zur Verlobung, zur grünen, silbernen, goldenen Hochzeit, zu allen Geburtstagen, vom 17. bis zum 90. Lebensjahr – Mädchen bekommen Blumen eher, wenn sie jung sind, Herren, wenn sie alt sind –, zu Jubiläen aller Art, vom 25-jährigen Dienstjubiläum des Herrn Ministers bis zur 50-jährigen

Mitgliedschaft im Verein der Kaninchenzüchter, vom 75-jährigen Jubiläum der freiwilligen Feuerwehr bis zum 300-jährigen Jubiläum einer Stadt.

Blumengeschenke sind heutzutage der Strauß, der Blumenkorb, der Blumentopf, Blumen in einer Vase. Der Kranz, so viele Jahrhunderte die übliche Blumengabe, ist nur noch in seltenen Fällen angebracht. Noch immer werden Willkommenskränze an die Tür gehängt, noch immer wird dem großen Dirigenten, dem großen Dramatiker, dem großen Sänger, ein Lorbeerkranz überreicht. Noch immer ist der Totenkranz die übliche Form der Blumenspende bei Beerdigungen. Im Osten, von Indien bis Hawaii, werden Gästen und Freunden als Willkommensgruß Girlanden um den Hals gehängt. In unseren Breiten ist die Girlande die Festdekoration für Saal und Kirche, Zimmer und Straße.

Blumensträuße wurden, wie man auf den Gemälden des 17. und 18. Jahrhunderts sehen kann, aus allen möglichen Blumen zusammengestellt. Von 1820 an bestanden Sträuße viele Jahrzehnte lang aus ringförmig angeordneten Blumen, die von einer weißen Papierspitzenmanschette umgeben waren. Der Herr überreichte der Dame, der Eingeladene der Hausfrau ein solches Bukett, das manchmal »Wagenrad« genannt wurde, wenn es entsprechend groß war. Zum Ballbesuch des jungen Mädchens gehörte fast ein Jahrhundert lang ein Blumenstrauß, jahrzehntelang ebenfalls solch ein Bukett ringförmig angeordneter Blumen in weißer Papierspitzenmanschette. Auch der Brautstrauß entsprach dieser Mode, bis »der graziöse Langstrauß«, wie der zeitgenössische Ausdruck lautete, das runde Bukett ersetzte. Heute verkaufen die feinen Blumengeschäfte wieder solch ein Bukett ringförmig angeordneter Blumen als sogenannten Biedermeierstrauß.

William Robinson riet, die Vasen nur mit *einer* Art von Blumen zu füllen, ein Rat, der zum Dutzend Nelken oder zum Dutzend langstieliger Rosen im geschliffenen Glas führte und der Fantasielosigkeit keine Grenze setzte.

Es gab kurz vor dem Ersten Weltkrieg in England sowohl wie in Deutschland neue Floristinnen (Constance Spry in England, Franziska Bruck in Berlin), die die Leitung von Blumengeschäften, das Arrangieren von Blumen zu einem Damen-, einem Kunstgewerblerinnenberuf machten, die wieder die Zusammenstellung von Farben und Formen über den Strauß aus Blumen stellten, der nur nach Geld roch.

Bis zum Ausbruch des Ersten Weltkrieges gehörte zu jedem Ball der Kotillon oder Blumenwalzer, bei dem die Herren den Damen Kotillonbouquets überreichten. Wie immer und überall war auch der Blumenwalzer ein Jahrmarkt der Eitelkeit, und die meisten oder wenigstens sehr viele Blumensträuße zu bekommen, war ein sogenannter Triumph. Die Blumensträuße wurden von den Gastgebern geliefert. Es waren billige Blumensträußchen bei Jugendhüpfereien, es waren sehr kostbare Buketts bei Festlichkeiten reicher Leute; zum Beispiel gab es zur Zeit der »Wagenräder« Kotillonbouquets, die von Brüsseler Spitzen umgeben waren. In die Zimmer einer gepflegten Wohnung gehören heutzutage Blumen, aber auch die kleine Büroangestellte hat Blumen im möblierten Zimmer stehen. Auf Millionen Schreibtischen in Millionen Büros stehen Blumen, wie einst auf Holbeins Porträt des Herrn Giese. Jeder Ausstellungsstand, jede Empfangshalle, jede repräsentative Treppe ist mit Blumen dekoriert. Die Moden änderten sich, wie in den vorhergehenden Kapiteln zu zeigen versucht wurde. Jeder wird hierzu aus eigenen Erfahrungen beitragen können. Es gab Jahre, in denen Fliedertöpfe und Fliedersträuße zu allen möglichen und unmöglichen Jahreszeiten geschickt wurden. Es gab Jahre, in denen der Azaleentopf, Jahre, in denen der Fuchsientopf die Geschenkblume war. Azaleen mehr für die feine Welt, das Fuchsientöpfchen mehr eine Sache der kleinen Leute. Seit dreißig Jahren sind die Begonien- oder Balsaminentöpfchen sehr beliebt, die man in Berlin »fleißiges Lieschen« nannte, als sie noch fingernagelgroße oder vielmehr fingernagelkleine rosa Blütchen hatten. Die Begonien sind fett und groß gezüchtet worden, als ob Schönheit eine Frage der Ausdehnung wäre, als ob die kleine Blume auf alle Fälle hässlicher wäre als die große. Es kamen Pflanzen auf, die geradezu zur Einrichtung gehörten. 1830 wurden Ward-Kästen oder Terrarien, von denen in anderem Zusammenhang schon die Rede war, die große Mode, um tropische Pflanzen zu halten. Sie wurden als Urnen und Vasen hergestellt und standen auf einem drehbaren Fuß aus rotem Plüsch oder aus schwerer Schnitzerei. Ganz vornehm war es, ein Goldfischglas und kleine Modelle von Ruinen mit dem Terrarium zu verbinden. »Wer«, heißt es in der Mitte des 19. Jahrhunderts, »könnte ein Wohnzimmer ohne ein Terrarium oder ein Aquarium für vollständig halten?«

Um 1860 machte man die Palme zum Mittelpunkt eines kreisrunden Sofas oder zum Blickpunkt im Fenster des großen Empfangszimmers. Palmen waren die Zierde der Blumentische, die in England erfunden worden waren und sich über Europa verbreitet hatten. Schließlich wurden künstliche Palmen angefertigt, und jede mittlere Bürgerfamilie musste eine haben, zusammen mit dem künstlichen Makartbukett, das aus Gräsern und Pfauenfedern bestand. Makart malte riesige historische Bilder, Schinken, für die ihm die Damen der Wiener Gesellschaft im Naturzustand Modell standen, und Pagen in schwarzer Renaissancetracht trugen ihn bei seinem fürstlichen Begräbnis zu Grabe. Aber die Mode der Palme und der Makart-Buketts war nicht verbreiteter als die Mode des Gummibaums, der, genau wie die Lotusblume im alten Ägypten, das Haupteinrichtungsstück der jungen Ehepaare von 1919 bildete, die außerdem meist nur zwei Couches und einige Stahlstühle nebst Tisch ihr eigen nannten. Ebenfalls in dieser Zeit, in der man den roten Plüsch und die Familienfotografien nicht mehr sehen konnte, kam das Kakteensammeln auf. Entweder stellte man winzige Töpfchen auf Holztreppchen, oder sie bildeten einen Bestandteil der japanischen Gärten mit Brücken und Püppchen in einer Keramikschüssel. Kurz vor 1914 war ein dekorativer Nadelbaum im Topf, die Araukarie, eine beliebte Zimmerpflanze. In England wurden richtige Araukarienbäume oder *Monkey-puzzle*-Bäume als Zeichen einer gewissen sozialen Stellung in den Vorgarten gepflanzt. Viel gekauft wurden damals auch die erstaunlichen japanischen Nadelbäume, die es fertigbrachten, bei einer Höhe von zwanzig Zentimetern uralt zu wirken. Die Nanisation oder Verzwergung von Bäumen gehört zu der großen Gartenkunst der Japaner. Graf Matsudaira besaß 1911 200 derartiger Bäume, die 150, 200 und sogar 300 Jahre alt waren, darunter japanische Kirschen, Glyzinien und Silberbirken von fünfzehn Zentimeter Höhe und einen alten Orangenbaum, der achtzehn Zentimeter hoch war und reife Apfelsinen von Erbsengröße trug.

Etwa um 1910 kam mit der allgemeinen Bewunderung der Kunst der Japaner, ihrer sparsamen Möblierung, ihrer Matten und Papierwände und Kakemonos, kurzum mit der allgemeinen Bewunderung des japanischen Lebensstils, angeregt durch die Bücher von Lafcadio Hearn, auch das japanische Blumenarrangement auf. Die Japaner benutzen Blätter und Zweige, Knospen und Blüten, um den ganzen Charakter einer Pflanze zu zeigen. Ein japanisches Blumenarrangement, das für europäische Augen nichts als schön ist, hat eine tiefe Symbolik für asiatische Augen. Eine Art Arrangement aus drei gebogenen Linien wurde 607 n. Chr. in China erfunden. Die höchste Linie aus Blume oder Zweig oder Blatt bedeutet den Himmel. Der Mensch steht in der Mitte zwischen Himmel und Erde, die die niedrigste Linie ist. Jedes Element ist gebogen, und jede Kurve muss aufwärts zeigen. Aber das Geheimnis aller Schönheit ist die Proportion, und jahrhundertelang wurde probiert und probiert, um zu der ganz einfachen Regel zu gelangen, nach der der Himmel ein Ganzes ist, die Erde ein Drittel, der Mensch zwei Drittel dieses Ganzen.

Für ein japanisches Arrangement passt jedes Gefäß. Ich habe einmal einen Kiefernzweig am Rand einer flachen Schale gesehen. Es sah aus, als ob ein sturmverwehter Kiefernbaum am Rande eines Sees wüchse. Auch Iris werden auf einer flachen Schale arrangiert, wie in der Natur von einem Haufen Blätter unregelmäßig umgeben.

Japanische Blumenarrangements sind in Europa

altmodisch geworden, nur der gelochte Halter und der flache Teller für Blumen und die Vorliebe für eine einzelne Blume, ein Blatt oder einen einzigen Zweig sind übrig geblieben. Nur in Holland sind sie in bescheidenen Blumengeschäften unter einem grauen, regnerischen Himmel, zugleich mit manchem anderen eigentümlich Rührenden, ein Überbleibsel des einstigen Weltreichs.

In den Achtzigerjahren kam, nach dem englischen Vorbild, die Mode auf, in »hochherrschaftlichen« Wohnungen einen Wintergarten einzubauen. Der Wintergarten war entweder ein Glasanbau, oft mit bezaubernd geschliffenem, rotem oder blauem Glas verziert, oder er war mit grottenartig arrangierten Tuffsteinen ausgestattet, ein letzter bürgerlicher Abglanz der feudalen Grotte. Nach dem Ersten Weltkrieg, im Schrumpfungsprozess der bürgerlichen Kultur, musste ein Doppelfenster über dem Heizkörper den Wintergarten darstellen.

Damen- und Tafelschmuck

Die Frauen arrangieren die Blumenvasen. Sie sind es, die den gedeckten Tisch zu einer Augen-, nicht nur zu einer Magenfreude machen. Sie ahmen die Natur nach, und sie fertigen Blumen aus Wachs, aus Draht und aus Federn an, um sie unter einem

Glassturz aufzubewahren, oder aus Chiffon und aus Samt, um sie auf die Hüte zu stecken und ihre Kleider und sich selbst damit zu garnieren.

Das war am tollsten im 19. Jahrhundert. Ein Ballkleid ohne Blumen war undenkbar. Hundert Jahre hindurch, bis 1914, wurden Blumen ins Haar gesteckt, an der Brust, an der Hüfte, an den Schultern, auf der Schleppe getragen. Künstliche Blumen waren ein Gegenstand des täglichen Bedarfs. Sommerhüte bestanden entweder ganz aus Blumen oder wurden mit ihnen garniert. 1814, im irrigen Glauben, dass die napoleonischen Kriege nun zu Ende seien, garnierten die Berlinerinnen ihre Hüte mit Palmwedeln und Lilien. Aber man trug auch natürliche Blumen, einfache und kostbare. Es war schon vom Nelkenkranz der Herzogin von Devonshire die Rede, der 100 Goldpfund kostete, oder von der Kameliengarnitur für ein Ballkleid, für das die Russinnen um 1870 dreihundert bis vierhundert Rubel ausgaben. Jahrzehntelang gehörte zum jungen Mädchen ein Parmaveilchensträußchen am Jackenaufschlag oder auf dem Muff. »Das holtselige Maaslieblein, als heilsam und lieblich zu Kränzen für junge Döchter«, schrieb Hieronymus Bock 1547 in einer bescheidenen Zeit. In den Achtzigerjahren rieten Modezeitungen zur Ranunkel im Frühling und zur Christrose im Winter als Haarschmuck.

Seit siebzig Jahren sind die Orchideen die kostspieligsten und elegantesten Ansteckblumen. Das Arrangieren der Orchideen am Busen seiner Odette ist bei Proust der Anfang der swannschen Liebesbeziehung. Mit »Cattleyas arrangieren« wird es umschrieben, wenn er die Nacht bei ihr verbringen will. Heutzutage muss die elegante Amerikanerin eine »Corsage« aus Orchideen haben. Diese Corsage gehört zum Nerzpelz und der Nerzpelz zu einem gewissen Einkommen, den Streifen und Knöpfen des Offiziersrangs entsprechend.

Frauen maskierten sich auf Kostümfesten auch als Blumen. Sie erschienen, wie eine Habsburger Prinzessin 1886, als Edelweiß oder als Rose, als Nelke, als Vergissmeinnicht und als Veilchen. *Fleurs animés* waren beliebt bei Hochzeitsaufführungen. Der Name der Braut wurde dargestellt, indem jeder Buchstabe durch eine Blume repräsentiert wurde, die ihren Anfangsbuchstaben trug. Um zum Beispiel *Rosa* darzustellen, erschienen vier junge Mädchen, als Rose, Orangenblüte, Sonnenblume und Aurikel verkleidet. Das war zwar kompliziert, aber üblich.

Frauen wurden immer mit Blumen gemalt. Sie hatten sie in der Hand, auf dem Schoß liegen, sie hatten Blumen als Hintergrund oder eine Vase mit Blumen auf dem Tisch, vor dem sie saßen, oder, wie Madame de Recamier, lagen. Schließlich malte F. A. Kaulbach 1898 die schönen Töchter des Herzogs von Coburg bei der Hauptbeschäftigung der Damen in jener Zeit, beim Arrangieren der Blumen in Vasen. Ein Heer von Dienstboten tat die übrige Arbeit.

Blumenschmuck gehörte auch immer und überall auf die festliche Tafel. Im 19. Jahrhundert gab es den großen Tafelaufsatz aus Silber oder aus Porzellan, mit Blumen gefüllt. Der Tafelaufsatz war das Familienprunkstück, das tagsüber die Samtdecke des Esstisches zierte. Es gab, besonders in den Vierzigerjahren, die Füllhörner mit Blumen. In den Achtzigerjahren wurde der Tafelaufsatz manchmal durch Blumen, besonders Veilchen, ersetzt, mit denen die Tafel bestreut wurde. Zu Girlanden verarbeitet, umgaben sie den ganzen Tisch. Auch zwischen dem Obst in den Obstaufsätzen wurden Blumen untergebracht. In England waren Geranienblüten mit Kresseblättern in kleinen Gläsern ein beliebter Tafelschmuck. Man arrangierte auch Festtafeln, sozusagen als »Waldersatz«, mit vielen Gefäßen aus Baumrinde, die mit frischer Erde und Farn und Moos gefüllt wurden. Ja, es gab sogar Tische, die ausgeschnitten waren, damit Palmen und Farne durchwachsen konnten, was den Eindruck eines Tropenwaldes vorspiegelte. Während viele Jahrhunderte hindurch Festlichkeiten aus unvorstellbar vielen Gerichten und Getränken bestanden und Schaugerichte von den Köchen hergestellt wurden, um das Staunen der Gäste zu erregen, wurde um die Wende des 20. Jahrhunderts der gedeckte Tisch ebenso wichtig wie die Speisenfolge. Damast, schönes Silber, Glas und Porzellan genügten nicht mehr, die Zusammenstellung der Blumen, die in Farben und Formen mit dem Porzellan, Silber und Glas am besten harmonierten, wurde zu einer Kunst erhoben.

Heutzutage stehen überall Vasen mit Blumen auf dem täglichen Esstisch. Sie standen auch noch vor Kurzem auf allen Tischen in den Restaurants. Wie schwer es aber ist, einen gewissen Luxus aufrechtzuerhalten, wenn jede Arbeit sehr hoch bezahlt wird, dafür ein Beispiel aus unserer Zeit: 1930 sah ich im reichen Stockholm Blumen auf den weiß gedeckten Tischen der Arbeiterlokale stehen, an denen den Arbeitern die Speisen serviert wurden, während 1955 in New York, genau wie in London, die arbeitende Bevölkerung in Selbstbedienungsrestaurants isst. Dort ist das Essen üppig und billig, aber es ist zur Befriedigung des Hungers ohne jede Grazie erniedrigt worden.

Der Blumenschmuck blieb unverändert für große Gelegenheiten eine Selbstverständlichkeit. Als der Völkerbundpalast in Genf in einem rauschenden Ball eröffnet wurde, ließ der Aga Khan 30 000 Rosen per Flugzeug aus Holland nach Genf bringen. Vorbei ist die Zeit des Blumenkorsos, die Auffahrt von blumengeschmückten Equipagen, die vor allem im Wien der Kaiserzeit ein glanzvolles jährliches Ereignis war. Den Pferden wurden die Deichseln und die Scheuklappen mit Blumen geschmückt. Um die offenen

Equipagen wurden Blumengirlanden gelegt, ja, sie bekamen sogar manchmal ein Dach aus Blumen. Kutscher und Diener, ebenfalls mit Blumen an ihren Zylindern, saßen auf dem Bock oder auf einem Bänkchen hinter dem Selbstfahrer. Die Damen saßen, bis ans Kinn verhüllt, die Füßchen gekreuzt, unter ihren mit Blumen geränderten Sonnenschirmen, denn Sonne galt als schädlich für den Teint. Ganz fein war es, in einem vierspännigen Wagen zu fahren, mit blumengeschmückten Reitern auf den Pferden. Die Herren Kavaliere, in Uniform oder in Zivil, ritten neben den offenen Wagen. In Wien saßen auch hohe Offiziere in Uniform in solch blumengeschmückten Wagen, und selbstverständlich trugen alle Herren Zylinder unter ihrem Rosendach. Der Blumenkorso war der Traum einer mit viel Geld verbundenen romantischen Liebe. Eine merkwürdige, aber keineswegs nur glückliche Welt, die von den Kanonen des Ersten Weltkrieges endgültig ausgelöscht wurde.

Blumen werden in immer steigendem Maße Gegenstände des täglichen Gebrauchs. Doch nur ausnahmsweise benutzt man sie, um den Boden zu bestreuen. Solche Ausnahmen sind Prozessionen und festliche Hochzeiten, bei denen kleine Kinder vor dem Brautpaar hergehen und Blumen aus kleinen Körbchen streuen. Blumen werden auch nicht mehr, wie viele Jahrhunderte lang, gegen schlechten Geruch benutzt; zum Beispiel hatten die Richter immer stark riechende Sträuße neben sich liegen. Elegante Damen nahmen noch 1823 riesige Nelkensträuße ins Theater mit wegen der schlechten Luft, die infolge der mangelnden Ventilation herrschte.

Und wenn wir geglaubt haben, dass Kleopatra die Letzte gewesen sei, die einen ganzen See mit Rosen bestreuen ließ, so irrten wir; denn Fürst Rainier und Grace Kelly bestreuten die Bucht von Monaco im Jahre 1956 mit roten und weißen Nelken, und jedes Jahr streuen die Schulmädchen von Rouen Blumen in die Seine, an der Stelle, wo die Engländer die Asche der Jungfrau von Orleans verstreut hatten.

Liebesbote

Die Blumenbeziehung des Mannes war schon seit altersher die des Senders oder Spenders. Renaissancefürsten haben sich für ihre Bräute ganz besondere Blumengaben ausgedacht. Bei der Hochzeit Karls des Kühnen von Burgund mit der englischen Prinzessin Margaret erschien ein kunstvoller Automat in Einhorngestalt, auf dessen Rücken ein Leopard lag, in der einen Klaue das englische Wappen, in der anderen eine Margerite. Die Tochter Franz' I. von Frankreich erhielt einen aus Gold und Juwelen gearbeiteten Blumenkorb, der mit weißen Margeriten gefüllt war. Diese köstlichen Renaissancegefäße, voll einfacher Feldblumen, sind der äußerste Gegensatz zu den Blumenkörben des 19. und 20. Jahrhunderts, gefüllt mit Blumen von einer Schönheit, von der frühere Jahrhunderte nichts ahnten.

Seit hundert Jahren kommt es immer mehr in Mode, Blumengebinde als Zeichen der Liebe zu verschenken. Das junge Mädchen, dem man einst verehrte, was Feld und Flur boten, bekam nun ein Parmaveilchensträußchen von der Riviera, von wo jährlich 40 000 kg Veilchen für diesen Zweck nach ganz Europa verschickt wurden. Die so begonnene Beziehung endete zunächst mit dem roten Rosenstrauß oder, in der Mitte des 20. Jahrhunderts, dem roten Tulpenstrauß der Liebeserklärung und dem früher oder später folgenden weißen Brautbukett. Der Lebensfreund sollte es nie dabei bewenden lassen. Frauen sind außerordentlich empfänglich für gelegentliche Blumengaben. Ein Geburtstag ohne Blumen ist auch für die Frauen, die wissen, dass ihre Männer ihnen viel geopfert haben, ein tiefer Schmerz. Es gibt die Treuen, die Blumen zum Geburtstag, ja den Geburtstag überhaupt, vergessen, und es gibt die Untreuen, die mit Regelmäßigkeit Frau und Freundin jede Woche Blumen schicken. Ein Herr erzählte mir einmal, dass er es albern fände, dass Frauen am Freitag oder Sonnabend einen Blumenstrauß erwarten. Das seien Beispiele für erstarrte Konventionen. Aber im Gegenteil, nirgends sind diese kleinen Freundlichkeiten so wichtig wie in der Ehe. Nichts ist rührender in Falladas *Kleiner Mann – was nun?* als Pinnebergs Wanderung durch Berlin, um ein paar Blumen für sein Lämmchen zu finden, vielleicht auch zu stehlen, als Angebinde zur Geburt des Murkel.

Die Blumengabe, vom bescheidenen Sträußchen bis zum kostbaren Arrangement, die von einem jungen Mann durch Boten von Haus zu Haus oder per Flugzeug von Kontinent zu Kontinent als Ausdruck der Liebe geschickt wird, bildet auch heute noch das Haupteinkommen der Blumengeschäfte. »Kein Rückgang in der Zahl der Männer, die ihren Freundinnen durch Boten Blumen schicken«, hieß es 1953 in einer Zeitungsnotiz.

Und da wir von der Rolle der Blumen in der Liebe sprechen, so sei erwähnt, dass die Frauen in der Türkei, als sie noch nicht schreiben konnten, eine kleine Traubenhyazinthe in ihren Strauß steckten, um zu zeigen, das sie ihr Jawort gäben. Die Traubenhyazinthe hieß *Muschi-Rumi,* woraus sich das englische Wort für Traubenhyazinthe herleitet, *Muscari.* Das Sinnbild der verschmähten Liebe war im Orient und in Griechenland die Iris.

Die Blumensprache hat sich kaum verändert. Alpenveilchen sagen gar nichts, sind neutral, eine farbige Visitenkarte, nichts weiter, Veilchen sind ein artiger Gruß. Edelweiß galt als Zeichen der Verschwiegenheit, bis es zur politischen Blume erniedrigt wurde, aber die rote Rose blieb neben der roten Tulpe die Blume der Liebeserklärung.

Das Blumenorakel, der Versuch, durch Abreißen der Blütenblätter die Zukunft zu befragen, ist uralt und international.

Elle m'aime, pas du tout, un peu, beaucoup, passionnement, hieß es auf französisch.

Ledig sein, Hochzeit han, ins Klösterle stahn, schwarzer Schrein, hieß es im 15. und 16. Jahrhundert.

Er liebt mich von Herzen, mit Schmerzen, über alle Maßen, kann gar nicht von mir lassen, klein wenig, gar nicht, hieß es im 19. und 20. Jahrhundert.

Auch das Blattspiel war sehr verbreitet. Ein Geraniumblatt spielte die Rolle des heutigen »Vielliebchens«. Man musste auf Verlangen ein grünes Blatt vorzeigen können, das immer frisch sein musste. *Far il verde* hieß das Spiel auf italienisch, und noch zu Beginn des 19. Jahrhunderts wurde unter der Schuljugend gespielt: *Zeig mir dein Grünblatt.* Das alte wohlriechende Geranium, bei dem das Blatt die Hauptsache war, ist fast verschwunden: »Prangt mit den Farben Auroras, Ranunkeln, Tulpen und Astern. Hier ist ein grünes Blatt, das Euch an Düften beschämt«, sagte Goethe.

Vom ungeheuren Blumenreichtum der Welt spielen in der Liebe und im gesellschaftlichen Leben nur wenige Sorten eine Rolle. Goethe, der groß darin war, ein Geschenk oder Angebinde mit ein paar Versen zu schicken – eine seiner vielen Lebenstüchtigkeiten –, hatte ebenfalls keine große Auswahl. Genau wie Walther von der Vogelweide, sechshundert Jahre früher, war er ein Freund von Blumenkränzelein, und er schickte sogar an Frau von Willemer ein »zierlichst aufgetrocknetes«. Bei Goethe findet sich übrigens immer noch der Ausdruck »Kranzblumen«. Immerhin ging Goethes Blumenauswahl weiter als die der meisten. Da schickte er an Frau von Stein eine Hyazinthe, an die Gräfin Egloffstein Immortellen oder einen Strauß mit den Worten:

In dem Frühling gar zu süße
wären Rosen ohne Dornen;
hier sind Lerchen ohne Füße,
hier sind Ritter ohne Spornen.

Lerchenfuß, der einjährige Rittersporn, heißt noch immer auf Französisch *pied d'alouette* und auf Englisch *larkspur,* während der dauernde Rittersporn *éperon de chevalier – knights spur* und auf Italienisch *aperone di cavaliere* genannt wird. Leider ist das nette Wort *Lerchenfuß* im Deutschen verloren gegangen. Goethe schickte sogar eine Artischocke, denn er wusste, dass die Artischocke nichts anderes ist als eine Distel, »der, was uns am besten schmeckt, in dem Busen liegt versteckt«. Er schickte ein *Pensée-Bou-*

quet mit ein paar Versen, wobei er nicht ohne Ironie erwähnte – es war 1814 –, dass man genauso erpicht sei, die deutsche Sprache von französischen Überbleibseln zu reinigen wie das deutsche Land, und er übersetzte *Pensée* mit »Gedenke mein«. Aber Goethes Übersetzung setzte sich nicht durch, und das *Pensée* ist zum Stiefmütterchen geworden. Ich weiß nicht, warum gerade das Stiefmütterchen so viele symbolische Namen bekommen hat. Auf Italienisch heißt es »Flämmchen«, auf Englisch »Müßige Liebe« und »Herzenstrost«. Das wilde Stiefmütterchen wurde »Dreifaltigkeitskraut« genannt und galt als Symbol der Treue.

Goethe hat sogar einmal, hingerissen vom geheimnisvollen Walten der Natur, Marianne von Willemer ein Blatt geschickt mit Anweisungen, wie man daraus neue Pflanzen zieht:

Flach auf guten Grund gelegt,
merke, wie es Wurzeln schlägt!
Dann der Pflänzlein frische Menge
steigt in lustigem Gedränge,
mäßig warm und mäßig feucht
ist, was ihnen heilsam deucht.

Ein wahrhaft königliches Geschenk machte Eduard VII. als Prinz von Wales der Kaiserin Eugenie, als er ihr 1869 einen Korb schickte, der alle bekannten

Rosen enthielt, von der schwarzen Rose Hollands bis zur weißen Rose Yorks.

Totenblumen

Ein Blumenkranz ist auch heute noch selbstverständlich bei Begräbnissen. Er ist der letzte Ausläufer des Glaubens, dass die Seele im Jenseits Trost brauche. Man brachte früher Nahrung an das Grab, weil man glaubte, die Seele müsse vor Hunger geschützt werden, und da man sich immer vor den Toten fürchtete, gab man ihnen ihren Schmuck mit, und zuerst wurden auch die Blumen mitbegraben. Ein Sträußchen ins Grab zu werfen, Blumen zu bringen, ist aber auch der armselige Versuch, dem Toten noch einmal Liebe zu erweisen. Die Ägypter, diese Sachverständigen des Totenkults, legten Blumenkränze, oft aus Reseda, auf die Mumien. Resedakränze wurden weiter von den Arabern verwendet. Die Ägypter machten vor den Gräbern Gärten für die Seelen der Verstorbenen. Die Formel auf den Grabstellen des Neuen Reiches (1580–1205 v. Chr.) lautete:

Möge ich wandeln am Ufer meines Teiches Tag für Tag ewiglich, möge meine Seele sitzen auf den Zweigen der Bäume in meinem Grabgarten, den ich mir bereitet, möge ich mich erfrischen tagtäglich unter meiner Sykomore.

Ein einziger Grabgarten in Theben enthielt 90 Sykomoren, 170 Dattelpalmen, 3 Mimosen, 5 Granatbäume, 2 Nussbäume und 12 Weinstöcke. Auf den Grabsteinen für Frauen war eine Frau gemeißelt, die an einer Lotusblume riecht. Nach dem ägyptischen Glauben begrüßte die Totengöttin die Toten unter einem schönen, schattigen Baum mit Wasser und Früchten von diesem Baum.

Die Griechen gaben ihren Toten Myrtenkränze und streuten Lilien auf die Gräber. Die Lilie war überall das Symbol der Keuschheit und der Jungfräulichkeit. Lilien, hieß es, blühten auf den Gräbern unschuldig Hingerichteter. Auf Frauengräber pflanzten die Griechen Iris, denn die Götterbotin Iris führte die Seelen der weiblichen Wesen an den Ort ihrer Bestimmung. Aus Immergrün machte man Kränze für tote Säuglinge. Rosen trug man aus Trauer auf Brust und Stirn, und Sophokles' Grab schmückten Rosen. Die Aschenurnen konnte man manchmal vor der Menge der Kränze und Bänder kaum sehen.

In Europa sind Efeu, Buchsbaum, Zypresse, Taxus und Palme immer Totenbäume gewesen (die Zypresse war Pluto, dem Gott der Unterwelt geweiht), wie Espe und Weide Symbole der Trauer waren und sind. Aber die eigentliche Trauerpflanze der Griechen war der Asphodelos (*Asphodelus ramosus*, eine weiße Lilienart). Homer sagt, dass die Asphodelos am Ufer des Styx, des Flusses am Reich der Toten, wuchsen. Sie wurden auf die Gräber gepflanzt, und die Toten wandelten auf Asphodeloswiesen und vertrieben sich mit Spiel und Jagd die Zeit. Die Lebenden, soweit sie arm waren, aßen die Wurzelknollen. Sie gaben ein nahrhaftes Mehl, und im Mittelalter wurde der Asphodelos »ein königliches Essen« genannt. Noch 1863 brachte Strelack, ein deutscher Botaniker, elftausend Kilogramm von Syrien nach Deutschland, um es als billiges Nahrungsmittel in den Handel zu bringen. Aber es gelang ihm nicht.

Die Römer legten Zypressenkränze in das Haus, solange die Leiche darin war, um es als Trauerhaus zu kennzeichnen, und Zypressen wurden im Trauerzug getragen. Auf römischen Grabmälern findet man häufig Palmenreliefs, weil die Palme auch den Sieg über den Tod, den Frieden, bedeutet. Die Rose war neben vielem anderem auch die Totenblume. In Rom pflegte man testamentarisch Rosenschmuck für das Grab zu bestimmen und Legate für seine Pflanzung und Pflege auszusetzen. »Wenn jemand meine Gebeine in zarte Rosenblätter legte, würde mir die Erde leicht werden« (Properz, 45– ca. 15 v. Chr.). Wo man die Leiche verbrannte, verbrannte man zugleich Weihrauch und löschte die Asche mit Wein. Bei den Kampfspielen bekam nicht der Sieger einen Kranz, sondern sein Vaterland, und die Siegerkränze wurden nachher als Weihgeschenke in den Tempel gehängt. Es wäre das Gleiche, wenn man heute die silbernen

Sporttrophäen in die Kirche bringen würde; jedenfalls gab man den Toten einen Kranz, »weil sie den Kampf des Lebens bestanden hatten«. Hannibal, dieser noble Mann, ließ den römischen Feldherrn Marcus Marcellus, den er besiegt hatte, mit einem Lorbeerkranz schmücken und so begraben.

Im 17. und 18. Jahrhundert wurde Rosmarin die Trauerblume.

Ich hab' die Nacht geträumet wohl einen schweren Traum:
Es wuchs in meinem Garten ein Rosmarienbaum …

»Rosmarin ist für die Erinnerung«, sagt Ophelia. Rosmarin und Buchsbaum wurden ihr aufs Grab gelegt. Die deutschen Bauern trugen bei Leichenbegängnissen einen Rosmarinzweig in der Hand.

Nicht überall werden Blumenkränze aufs Grab gelegt. So verwendet man in Japan Zweige und Blumen, aber in Frankreich zum Beispiel fertigt man sehr kunstvolle Kränze aus Perlen und hängt sie ans Grabkreuz. Auch die Trauerfarben sind verschieden. Gelb, als Farbe der Zersetzung, war die Trauerfarbe bei den Ägyptern und ist es noch heute bei den Maya-Indianern. Sonst ist Gelb keineswegs eine negative Farbe. Gelb war die königliche Farbe der Babylonier, Meder und Perser. Es ist die heilige Farbe des Buddha und gilt in Indien als Glück bringend. In gelbe Windeln wurde Herkules gewickelt. Jason, der Held, trug einen gelben Rock. Bei den Chinesen wurde eine hervorragende Persönlichkeit durch einen gelben Rock ausgezeichnet. Mit den Worten »Gelb ist ohne Zweifel Gott misshellig« drückte Geiler von Kaysersberg die ganze neue Meinung der Christenwelt aus. Übrigens liegt in diesem »ohne Zweifel« eine ganze Weltanschauung von Intoleranz. Warum soll Gott etwas gegen Gelb haben, und noch dazu »ohne Zweifel«? Die Kirche betrachtet Violett und Purpur, mit dem die römischen Soldaten aus Hohn Jesus von Nazareth als »König der Juden« bekleideten, als ihre Farben, als Symbole von Sühne und Trauer.

Die Perser, die Ashanti-Neger der Goldküste und die Frauen der Bretagne tragen Trauerkleider, die braun sind wie das fallende Laub. In der Antike und bis tief ins Mittelalter war Weiß die Farbe der Trauer, wie heute noch Trauerblumen weiß sind. 1498 trug Königin Anna, die Gemahlin Karls VIII. von Frankreich, zum ersten Mal schwarze statt weißer Trauerkleider. Weiß ist die Trauerfarbe in Japan und China. Und während sich die Australneger aus Trauer weiß anstreichen, streichen sich einige amerikanische Indianer schwarz an.

Spätherbst als Totengedenkzeit zu betrachten – Allerheiligen, Allerseelen – erscheint als eine natürliche Empfindung in unseren nördlichen Zonen, und

Astern und Georginen, die späten Herbstblumen, als die richtigen Blumen für diese Zeit. Aber überall werden Totenfeste im November gefeiert, auch dort, wo der November in den Frühling fällt, bei den Südseeinsulanern, auf den Tongainseln, bei den Australnegern, den Hindus, den alten Römern und Ägyptern. Der November ist in Persien der Monat des Todesengels. Die Japaner beleuchten die Gräber drei Tage lang, die Angehörigen bringen Blumen, Papierboote werden ins Wasser gelassen, damit die toten Seelen heimfinden. Die Peruaner feiern am 2. November ihre Toten mit Klageliedern und Klagemusik und lassen Speise und Trank zurück. Die heiteren Pariser essen lieber gleich selber am Totensonntag ihr Mittagessen auf dem Friedhof, genau wie die todesfreudigen Mexikaner, deren Kinder vergnügt mit Papiermaché-Skeletten um die Gräber ihrer toten Verwandten spielen und kleine Zuckertotenköpfe essen, auf denen ihr eigener Name steht.

Hier, wie überall, wandelten sich Inhalt und Symbol, aber das Datum des Festes blieb das Gleiche. Aus dem heidnischen Herbst- und Erntefest wurde das christliche Totenfest. »Apfelmesse« heißt es noch heute in Irland.

Die Myrte

Die heutige Hochzeitsblume, die Myrte, war der Aphrodite, der Göttin der Liebe, heilig, auch schon dort, wo sie eine orientalische Naturgöttin war. Es heißt, dass die Tochter von Cinyaris, der bald als König von Zypern und bald als König von Assyrien bezeichnet wird, wegen Blutschande in einen Myrtenbaum verwandelt wurde, aus dem Adonis entsprang. Bei dem Fest der Mondgöttin – und der Mond ist eng verbunden mit der Weiblichkeit – wurde ein riesiger Myrtenkranz mitgeführt. Wo immer ein Tempel der Aphrodite stand, wuchs ein Myrtenstrauch.

Die Myrte hat also keine freundlich-zivilisierte, sondern eine dunkle, wilde Vergangenheit, und so war sie der Hera, der Göttin des häuslichen Herdes, und der Artemis, der keuschen Göttin der Jagd, verhasst, und zwar so verhasst, dass es verboten war, auf den Altar der *Bona Dea*, der Göttin der römischen Frauen, Myrten zu legen, weil das zu sehr an das sinnliche Vergnügen erinnerte. Die Blume der Hera war die keusche Lilie. Die römischen Hausgötter wurden mit Veilchen und Rosmarin bekränzt, und auch der Weihrauch für die Götter wurde aus Rosmarin gemacht. Die Hetären bekränzten die Statue der Aphrodite mit Myrten und Rosen. Auch beim Urteil des Paris trug Aphrodite einen Myrtenkranz, was unlauterer Wettbewerb war, da jeder die Bedeutung der Myrte kannte.

Die Sitte des Myrtenkranzes stammt von den Juden. Jüdische Bräute haben seit der babylonischen Gefangenschaft stets den Myrtenkranz getragen. Er ist also offenbar ursprünglich babylonisch. Die Myrte war aber auch rings um das Mittelmeer eine Hochzeitsblume.

Nach arabischer Tradition nahm Adam einen Myrtenzweig aus dem Paradies mit, um wenigstens etwas von dessen Herrlichkeit zu bewahren.

Die Griechinnen trugen Brautkränze aus Rosen, die mit Myrten durchflochten waren, und das Brautbett wurde mit Rosenblättern bestreut.

Seit Karl dem Großen bestanden im ganzen Frankenreich die Brautkränze aus Rosmarin, und später trugen die Ritterfräulein Rosmarinzweiglein an der Brust als Zeichen der Treue ihres Geliebten. Und noch heute tragen die Bauernburschen in Bayern bei ihrer Hochzeit ein Büschel Rosmarin am Hut oder im Knopfloch.

Die Myrte tauchte als Brautkranz nicht vor dem 16. Jahrhundert auf. Camerarius nannte 1583 elf verschiedene Blumen als Brautblumen, darunter Veilchen, Vergissmeinnicht und Rosen, aber nicht die Myrte, und Abraham a Santa Clara nannte ein Jahrhundert später, 1672, eine Menge Blumen als Brautblumen, Hyazinthe, Fritillaria, Rose, Maiglöckchen,

Vergissmeinnicht, Jelängerjelieber, Maßliebchen, aber auch nicht die Myrte. Das ist ja ganz klar, denn die Myrte wächst nicht im nördlichen Europa.

Eine Tochter Jakob Fuggers soll 1683 die Erste gewesen sein, die den kostbaren Myrtenkranz in Deutschland trug. Und noch 1760 wird ausdrücklich erwähnt, dass die Tochter des Stadtsyndikus von Halberstadt einen Kranz von künstlichen Myrten trug, die man eigens aus Paris hatte kommen lassen.

Heinrich von Preußen, ein Bruder Friedrichs des Großen, schenkte seiner Braut ein Kamelienbukett, das ungemein kostbar war. Die Kamelien stammten aus Schwetzingen, und jede Blüte kostete zwei Goldstücke. Fürstliche Bräute trugen in Deutschland auch dann keine Myrten, als der Myrtenkranz sonst allgemein üblich war. Bräute aus dem Hause Hohenzollern trugen eine Krone, an der sechs falsche Locken befestigt waren, nach einer Tradition, die um 1700 festgelegt worden war. Um 1890 machte eine energische Prinzessin mit dieser Tradition Schluss, und die Prinzessinnen wählten einen Orangenblütenkranz.

Die Sitte der Orangenblütenkränze soll aus dem Orient stammen. Die Bräute der Sarazenen trugen Orangenblüten, und es heißt, dass seit den Kreuzzügen auch europäische Bräute Orangenblüten trugen. Aber selbst in Frankreich, wo der Orangenblütenkranz so üblich ist wie in Deutschland der Myrtenkranz, tragen die Bräute sie sicher erst seit dem 17. Jahrhundert. Die Myrte hat weder in Frankreich noch in England eine bräutliche Bedeutung. In England ist überhaupt keine Blume als Brautblume bekannt. Während eine deutsche Anweisung zum korrekten Leben vom Ende des 19. Jahrhunderts von der »abscheulichen Sitte der künstlichen Myrtenkränze« spricht, wurden im praktischen England die künstlichen Blumen den frischen vorgezogen, die am Hochzeitsabend womöglich nur noch wie Heu aussahen.

Die Myrte hatte im Altertum noch andere Bedeutungen. Zum Beispiel trugen die Magistratsbeamten von Athen als Zeichen ihrer Würde einen Myrtenkranz, weil die Myrte genau wie die Palme das Symbol des unblutigen Siegers war, das Symbol des Friedens, im Gegensatz zum Lorbeer, dem Symbol des blutigen Sieges.

Vor dem Tempel des Romulus Quirinus standen zwei Myrtenbäume. Der eine repräsentierte die Partei der Patrizier, der andere die der Plebejer. Solange die Patrizier am Ruder waren, blühte der eine Myrtenbaum, und der andere siechte hin. Als die Plebejer an die Regierung kamen, erholte er sich, und der Patrizierbaum kränkelte.

Die Knopflochblume

Vor 1914 war die Sitte, eine Blume im Knopfloch zu tragen, weit verbreitet. Jahrzehntelang wurde kein eleganter Herr ohne Blume im Knopfloch gezeichnet, und zwar trugen diese – ganz offensichtlichen – Vertreter des Kapitalismus die gleiche rote Nelke, die später zur Revolutionsblume wurde. Berühmt waren um diese Zeit Oskar Wildes Chrysantheme und Joseph Chamberlains Orchidee als etwas übertriebene Knopflochblumen.

Der Ursprung dieser Sitte ist in Dunkel gehüllt. Ein Mr. C. A. Knapp erzählt, dass die Königin Victoria von England, die sich 1837 auf den ersten Blick in den Coburger Prinzen Albert verliebte, eine Blume aus ihrem Ballbukett nahm und sie Albert reichte, woraufhin er sofort einen kleinen Schlitz in seinen Rock machte, um sie hineinzustecken. Diese Geschichte ist zwar entzückend, aber ist sie wahr? Und vor allem, war es wirklich der Beginn der Knopflochblume? Es ist unwahrscheinlich, dass Albert, dieses Musterwesen, einen guten neuen Rock, noch dazu impulsiv, eingeschnitten hätte.

Es gibt eine andere Lesart: Napoleon hatte 1802 die Ehrenlegion gegründet, deren Abzeichen ein rotes Bändchen in der Farbe der Nelken war. Obwohl die Legion 40 000 Mitglieder zählte, also keineswegs exklusiv war, trugen die Dandys eine rote Nelke so tief im Knopfloch, dass nur ein kleiner Streifen heraussah, damit man sie für Mitglieder der Ehrenlegion halte. Einer machte das so geschickt, dass er alle Welt täuschte. Als er starb, setzte er ein großes Legat dafür aus, dass auf seinem Grabe stets rote Nelken gepflegt würden. Um dieses Legats willen gerieten sich seine dreißig Freunde derart in die Haare, dass schließlich ein Nelkenpfleger vom Gericht eingesetzt werden musste.

In England, wo das Ideal des eleganten Herrn immer lebendig war, und zwar nicht um der Damenwelt willen, sondern als Selbstzweck, trägt man auch heute noch Blumen im Knopfloch. In den Dreißigerjahren versuchte Churchill auf einem Pariser Boulevard eine Nelke zu kaufen. Nelke heißt auf Englisch *carnation.* Churchill bat die Blumenfrau um *»un carnation«*. Auf Französisch heißt aber Nelke *œillet,* Äugelein. Es war eine echt Churchillsche Lösung. Noch in den fünfziger Jahren konnte in der *Times* ein lebhafter Briefwechsel über die höheren Feinheiten der Knopflochblume stattfinden:

»Vor vielen Jahren habe ich mir ein paar kleine Glasröhren machen lassen, gebogen und mit einem winzigen Glaskragen versehen. Eine solche wassergefüllte Röhre kann man leicht in jedes Knopfloch stecken. Sie ist völlig unauffällig und hält die Blume frisch. Als ich den Atlantik kreuzte, konnte ich dieselbe weiße Nelke jeden Abend zum Souper tragen und auch noch bei der Eröffnung einer internationalen Konferenz in Washington.«

Diese Methode des Glasröhrchens wurde schon in dem Jahrzehnt vor der Französischen Revolution von den Damen angewendet. Es wurde Mode, frische Blumen im Haar zu tragen. Sie wurden in wassergefüllte Flakons gesteckt, die in der hohen Coiffure leicht verborgen werden konnten.

Ein Mr. Hart fasste die Etikette der Knopflochblume folgendermaßen in einem Brief an die *Times* zusammen:

»Um es ganz deutlich zu sagen, es ist keine andere Knopflochblume als die rote Nelke möglich. Natürlich können Veilchen zum roten Jagdrock getragen werden und eine weiße Nelke zu Frack und weißer Krawatte. Alles andere kommt nicht in Frage.«

Aber frei steht es jedem, statt einer weißen Nelke eine weiße Gardenie, Kamelie oder gar Orchidee zu wählen. Die Aufmachung einer Knopflochblume mit Grün, zum Beispiel etwas Spargelkraut, *»ist ganz unkorrekt«*. Sie darf auch nicht angesteckt, sondern muss durchs Knopfloch gezogen werden. Sie *muss*, wohlverstanden! Und selbstverständlich gibt es nur ein Entweder-oder: Wenn man Orden trägt, darf man keine Knopflochblume dazustecken. Damit ist wohl dieser Gegenstand endgültig festgelegt.

Ganz allgemein trägt der Bräutigam eine weiße Blume im Knopfloch, auch dann, wenn bei der Hochzeit ein dunkler Anzug genügen muss, und er gibt – in England – seinen Freunden weiße Nelken für ihr Knopfloch.

Veilchensträuße wurden auch von den Damen zum roten Jagdrock getragen. Auf den Landsitzen wurden Veilchen gezogen, um sie bei Jagdgesellschaften verteilen zu können. Ein Hektar Veilchen brachte dem Züchter zum Beispiel in Devonshire 26 000 Mark in der Saison.

Höhere Personen bekommen, auch wenn sie Herren sind, Blumenangebinde ohne jeden besonderen Anlass. Kaiser Wilhelms I. Frühstücksteller wurde täglich mit Kornblumen bekränzt. Kaiser Friedrichs Badezelle an der Havel wurde von den Schwimm-Meistern mit Wasserrosen geschmückt, wenn er zum ersten Mal im Frühling zum Schwimmen kam. Bei Ein- und Aufzügen sind Blumen selbstverständlich. Noch 1955 wurde Pandit Nehru in Amritsar von einem Rosenblätterregen empfangen.

Einiges über den Blumenhandel

Gärtnerzünfte gab es in Deutschland seit dem 14. Jahrhundert, und die ersten Handelsgärtnereien entstanden – genau wie in England – im 16. Jahrhundert. 1774 wurde in London die »Gesellschaft der Gärtner« gegründet. Sie war eine Gewerkschaft zur

Vertretung der Interessen der Handelsgärtner. Ihre zwanzig Mitglieder trafen sich jeden Monat in Newall's Coffee House in Chelsea.

Blumen wurden immer und überall auf Märkten verkauft, im Allgemeinen von den Leuten, die sie zogen. Noch im 18. Jahrhundert züchteten die Blumenhändler ihre Blumen selber. 1882 wurde der erste Handelsgärtnerverband in Deutschland gegründet.

Erstaunlich ist, dass sich seit etwa sechzig Jahren die Blumen für den Handel auf rund 27 Arten beschränken. Für das übliche Bukett war die Arbeit der l'Ecluse, l'Obel und Dodoens, waren die südafrikanischen und amerikanischen Entdeckungen kaum notwendig, mit einziger Ausnahme der Orchideen und der hochmodernen Stephanotis, die aus Madagaskar stammt.

Ich will hier nicht die riesigen Gewächshäuser bei den großen Städten, nicht die En-gros-Blumenmärkte bei Paris oder London beschreiben, nicht den Nelkenmarkt in Nizza, aber ich möchte von einer erstaunlichen Organisation in einer verworrenen Zeit sprechen. Diese Organisation beruht darauf, dass Blumen der größte Geschenkartikel sind und sich nicht halten. Aber nur Optimisten, die an die Anständigkeit der Menschen glaubten, konnten sie gründen.

Amerika ist ein weites Land, und Nelken, die man von San Francisco nach New York schickt, kommen nicht gut an. Von 1890 an versuchten ein paar Blumengeschäftsinhaber, eine Organisation zu gründen, die nicht die Blume, sondern den Auftrag schickt, die Blumen an Ort und Stelle auszusuchen und zu liefern.

William Rock in Kansas City stellte nach fast zwanzig Jahren endlich fest, warum die Versuche zu solcher Organisation zunächst scheiterten: »Sie nahmen jeden auf, der wollte. Dabei wurde man darauf aufmerksam, wie nötig es sei, die Blumenhandlungen sorgfältig und streng auszuwählen, wie nötig es sei, nur wirklich zuverlässige aufzunehmen, soweit Menschen das beurteilen können.« William Rock benutzte den schönen Puritanerausdruck *faith,* Treue, Vertrauen. Es genüge nicht, erstklassige Fachleute aufzunehmen, sondern es müssten Menschen sein, die treu zu ihrem Wort hielten, die ihre Verpflichtungen dem Geiste nach, nicht nur dem Wort nach, erfüllten, und die von höchster moralischer Sauberkeit seien, keine Leute, die denken: »Für die genügen auch Blumen, die drei Tage alt sind«, keine Händler, die auf Telegramme hin Blumen liefern, die sie nie einem Menschen ins Gesicht hinein anbieten würden. Echte Kaufleute also – um diesen durch den Marxismus entwerteten Begriff Kaufleute zu benutzen, der ein Synonym für Ehrlichkeit sein muss, ohne die kein Welthandel möglich ist.

Im August 1910 trafen sich fünfzehn Blumenhändler in Rochester im Staat New York und gründeten die *Florists Telegraph Delivery Association.* Mr. Rock wurde Schatzmeister. Die Handhabung des Geschäfts findet folgendermaßen statt: Das Mitglied der Organisation, das einen Auftrag bekommt, gibt dem Blumengeschäft, das dem Geschenkempfänger am nächsten liegt, diesen Auftrag weiter. Das Blumengeschäft, das den Auftrag weitergibt, bekommt die Bezahlung, und das Blumengeschäft, das 5 oder 5000 Meilen entfernt ist, führt den Auftrag aus. Die Aufträge werden mit Post, Flugpost, Telegramm und Telefon weitergegeben.

Was im August 1910 von den fünfzehn Herren begonnen wurde, nahm große Formen an. Die Organisation teilt die Welt in drei natürliche, geographische und Währungseinheiten.

1916 ersuchte die Firma Leighton in Glasgow die amerikanische Organisation um Aufnahme. Heute gibt es in England 1250 Mitglieder dieser Schwesterorganisation, die sich *Interflora* nennt, *British Unit Ltd.* Sie umfasst das gesamte Währungsgebiet des Pfund Sterling, aber nicht Europa. Die amerikanische *Florists Telegraph Delivery Association* umfasst Kanada, die Vereinigten Staaten, Zentral- und Südamerika und hat ihren Sitz in Detroit.

Die Organisation für Europa wurde – und wie typisch ist das für die hervorragende Stellung Berlins und Deutschlands zwischen den Kriegen – von Max Hübner, Berlin, als *Fleurop* gegründet. Sie umfasst außer Europa Nordafrika und andere Teile des Vorderen Orients.

Schon 1936, drei Jahre nach Hitlers Regierungsantritt, war es klar, dass Deutschland nicht mehr der Hauptsitz einer Organisation sein konnte, in der es auf Treue und Vertrauen ankam, und der Sitz der Organisation wurde nach Zürich verlegt, wo er sich noch heute befindet. Außerdem wurde eine neuseeländische Gruppe gegründet, die in Christchurch, Neuseeland, ihren Sitz hat. Man kann Blumen sogar hinter den Eisernen Vorhang schicken.

Dem Verband gehören viele tausend Geschäfte in der ganzen Welt an. Das Erstaunlichste ist, dass die Währungsschwierigkeiten hier, und nur hier, überwunden wurden. Was die Herren der Welt, was Präsidenten, Ministerpräsidenten und Bankdirektoren nicht fertigbrachten, das ist dem Blumenhandel gelungen. Er hat 1946 eine Weltwährung, genannt *Fleurin*, in dem allgemeinen Wirrwarr eingeführt. Ein *Interflora-Ausschuss* aus Vertretern der drei Welteinheiten kontrolliert die Abrechnungen zwischen den drei Gruppen.

Die Tatsache, dass im Durchschnitt neunzehn Aufträge in der Minute, Tag und Nacht, ausgeführt wurden, beweist das Ausmaß dieses Geschäfts. In der ganzen nichtkommunistischen Welt wurden schon am Ende der Vierzigerjahre für 120 Millionen Mark Blumen hin und her geschickt. Ungeheure Summen werden im Blumenhandel bewegt. Aber auch bei irgendwelchen zufällig entdeckten Blumen, die Mode werden, geht es schnell in die Millionen. 1862 wurde die Lilie *(Lilium auratum)* in Japan entdeckt. 1912 sandte eine einzige Firma, die *Yokohama Nursery Company,* 15 Millionen Zwiebeln nach Europa und den Vereinigten Staaten. Eine ähnliche Geschichte wie die der Guernsey Lilie ist die der Osterlilie *(Lilium longiflorum eximium).* Ein Schiff, das aus China kam, rettete sich vor einem Sturm nach Bermuda. Eine Generation später war diese Lilie eine für Bermuda charakteristische Pflanze und bedeckte weite Strecken der Insel. Ende des 19. Jahrhunderts wurden drei Millionen Lilienzwiebeln im Jahr von Bermuda ausgeführt. In den Vereinigten Staaten beträgt die Summe aller im Blumenhandel getätigten Geschäfte zwei Milliarden Mark, im Jahre 1954 waren es in England 240 Millionen Mark – dreimal so viel wie 1939 –, in Frankreich 140 Millionen Mark, in Deutschland schätzungsweise 400 Millionen Mark. Die englische Ziffer repräsentiert eine Ausgabe von 4,50 Mark pro Kopf, die deutsche eine von 8 Mark pro Kopf, die amerikanische eine von 12 Mark pro Kopf. Von den zwei Milliarden Mark des amerikanischen Blumenhandels macht die jährliche Ernte an Schnittrosen etwa 128 Millionen Mark aus. Zu dieser Zahl kommt die amerikanische Statistik auf folgende Weise: Es werden 16 Millionen Rosenstöcke gezogen, die etwa

22 Blüten je Pflanze geben und einen Engrospreis von 36 Pfennig je Blüte einbringen, das macht einen Umsatz von etwa 128 Millionen Mark aus. Aber erstaunlicher als diese Zahl ist, dass 50 Millionen Rosenstöcke im Jahr verkauft werden.

Alle Düfte Arabiens

Liebe zu Blumendüften, die Sehnsucht der Frauen, zu gefallen – anderen, aber auch sich selbst –, ist ewig und kennt keine Grenzen.

Jahrhundertelang benutzten die orientalischen Frauen die Wurzel der *Iris tuberosa,* zerrieben sie, laugten den Brei in Wasser aus und gewannen ein weißes Pulver. Sie nahmen etwas davon auf die Finger und rieben sich die Wangen ein, was ein wenig brannte. Das brachte ein liebliches Rot hervor, das auch durch heftiges Waschen nicht verging, sondern tagelang anhielt.

Die Skythinnen, das sind die Frauen von den Ufern des Schwarzen Meeres, zerrieben schon zu Herodots Zeiten Zypresse, Zedernholz und ein Baumöl, *Frankincense,* auf Steinen, mischten das Zerriebene mit Wasser und rieben sich mit dem Brei Gesicht und Körper ein. Sie dufteten, und wenn sie den Überzug von Gesicht und Körper abwuschen, dann war die Haut sanft und schön geworden. Frankincense gehört zu den Düften Arabiens und heißt heute *Boswellia Resin.* Es kam schon in biblischer Zeit von der heutigen Somaliküste, von wo es westlich bis Ägypten und östlich bis an die Mündung des Indus gehandelt wurde. Noch im 19. Jahrhundert war es ein wichtiger Bestandteil von Duftstoffen und wie eh und je von der Somaliküste bis Bombay im Handel.

Die Wurzel der *Anchusa* benutzte man schon im alten Griechenland, um daraus Rouge für das Gesicht herzustellen. Die Türkinnen, Araberinnen, Perserinnen, Chinesinnen, Russinnen, Engländerinnen, Kreolinnen, Französinnen benutzten die Anchusawurzel. Die amerikanischen Indianer bemalten sich rot damit. Anchusa hatte anderem Rouge viel voraus, da es viele Tage hielt und Waschen es nur verbesserte, besonders gegenüber den entsetzlichen Bleipräparaten, die den Tod mancher Schönheitssucherin im 17. und 18. Jahrhundert verursachten.

Die Ägypterinnen ummalten sich die Augen mit Malachit, für den sie herrliche Gefäße aus Alabaster und Porphyr hatten. Es gibt das Bild einer Dame, die genau wie heute, Spiegel in der einen, Lippenstift oder -bürste in der anderen Hand, sich »zurechtmacht«. Es gab Haarfärbe- und Haarwaschmittel. Für die einfachen Leute waren kostspielige kosmetische Mittel zu teuer, und so mischten sie Pfefferminze und Thymian mit Sesamöl.

Der Reisende Duperron erzählt von einer jungen Wilden, die ihm gefallen wollte. Sie hob ein Stückchen Kohle auf, ging in eine Ecke, schwärzte sich ihre Wangen damit und kehrte triumphierend zurück.

Die bildschönen jungen Beduininnen malen blaue Linien und Punkte auf ihr Gesicht. Die Perserinnen färben ihre Hände mit Henna rot, genau wie ihre Wangen.

So war es immer und überall. Die eine nahm Iris, die andere, wie Neros Frau Poppäa, benutzte Roggenmehl und Öl als Gesichtsmaske, die dritte nahm Kohle, die vierte Anchusa.

Sogar Mundwasser oder Mundwasserersatz in Form von Kaugummi gab es ganz früh. Das Holz der Aloe wurde in Griechenland, Rom und Byzanz gekaut, um den Atem wohlriechend zu machen.

Parfüm, das immer, bis auf die neueste Zeit, in Flaschen gefüllter Blumenduft war, hat seinen Namen von *fumum* = Rauch; denn süß duftendes Räucherwerk brannte auf den Altären der ägyptischen Götter und Zoroasters. Am Morgen wurde für die Göttin Isis Balsam verbrannt, am Mittag Myrrhen und am Abend ein Gemisch aus sechzehn Ingredienzien. Die Chaldäer verbrannten beim Bel-Fest in Babylon für 1000 Talente, das waren 4 700 000 Mark, Weihrauch. Bei den Ägyptern und Juden und schließlich den Christen wurden Harze in Metallgefäßen verbrannt, die man an Ketten hin- und herschwang. Der Rauch von Sandelholz steigt auf für Brahma und Buddha. Mancher Christ wurde zum Märtyrer, weil er den kaiserlichen Bildsäulen keinen Weihrauch opfern wollte, und ich habe noch in diesen Tagen für die alten Götter der Mayas den Weihrauch zum Himmel steigen sehen.

Die Chinesen benutzten immer schon Parfüms, sogar ihre Tusche war mit *Blumea balsamifera* oder Patschuli parfümiert. Auf der großen Sphinx ist Thutmosis IV. dargestellt, wie er in der einen Hand Weihrauch, in der anderen parfümiertes Öl hält. In den Pyramiden wurden Schönheitspflegemittel und Gefäße mit Parfüms gefunden, die drei- bis viertausend Jahre alt waren. Diese Gefäße trugen chinesische Inschriften, Zitate noch älterer chinesischer Dichter. Nur die Priester kannten in Ägypten die Geheimnisse des Weihrauchs und der Parfüms. Sie hatten das Privileg des Einbalsamierens. Duftpflanzen für Weihrauch zog man in den Tempelgärten. Henna wurde früh importiert, da man Nägel und Handflächen damit färbte. Die Ägypter salbten die Haare ihrer Gäste mit duftenden Cremes. Schon 3000 v. Chr. segelten ägyptische Schiffe ins Rote Meer, um Duftblumen und weihrauchspendende Bäume von seinen Ufern nach Ägypten zu bringen; denn trotz ihres Totenkults waren die Ägypter Lebensfreunde:

Lege Myrrhen auf dein Haupt,
kleide dich in feines Linnen,
getränkt mit köstlichen Wohlgerüchen, den echten
Gaben der Götter.
Vermehre deine Wonne noch mehr,
bis der Tag der Trauer zu dir kommt.
Denn Osiris erhört ihr Schreien nicht,
und niemanden ruft die Totenklage
aus dem Grab zurück.
Feiere den frohen Tag und ruhe nicht
an ihm. Denn siehe, niemand nimmt seine Güter
mit sich.

Der Harfner singt schon (2160–1788? v. Chr.):

Folge deinem Wunsch und deinem Vergnügen und schaffe dir ein Schicksal auf Erden nach den Wünschen deines Herzens.

Die Juden hatten die ägyptischen Bräuche mit nach Israel gebracht, den Weihrauch und das Einbalsamieren der Toten und die Sitte, das Haupt des Hohepriesters mit Öl zu salben. Moses befahl, einen Altar aus Akazienholz anzufertigen, der ganz vergoldet sein sollte, um darauf zweimal am Tage wohlriechendes Räucherwerk zu verbrennen, ferner sollten mit einer Salbe aus Balsam, wohlriechendem Zimt und wohlriechendem Kalmus und Cassia, wie sie der Salbenmischer herstellte, jedes Gerät und jeder Diener im Heiligtum gesalbt werden. Aber es war nicht gestattet, ein so gemischtes Salböl für andere Zwecke zu verwenden, und wer es für sich und seinen Leib benutzte, der sollte ausgestoßen werden von seinem Volke. In Mexiko und Peru war es verboten, die heiligen Blumen, Frangipani, die den Göttern geweiht waren, zu berühren oder an ihnen zu riechen. Wer es tat, wurde getötet.

Alle diese Zutaten werden noch heute oder wurden jedenfalls noch gestern für die Parfümfabrikation benutzt.

Der ambrosische Duft, den die griechischen Götter hinterließen, wenn sie die Sterblichen besucht hatten, war nichts anderes als Parfüm, und auch die Sterblichen, zum Beispiel Odysseus, legten ihre Gewänder in parfümierte Truhen.

Die Spartaner vertrieben die Bereiter der Düfte, weil sie das Öl verschwendeten, um desselben Prinzips willen, nach dem sie keine Färber duldeten, weil sie das Weiß der Stoffe verdürben. Kleine Kinder ermorden, zum Lügen erziehen, nichts wie schwarze Bohnensuppe essen und die Farben und die Düfte verbieten, das war Sparta.

Auch Solon donnerte gegen die Parfüms. Aber die Athener waren keine Spartaner. Sie verfeinerten die Parfüms. Sie kannten nicht nur die Pflanzen, deren Düfte am schönsten waren, sondern auch die Gegenden, wo sie am besten dufteten. Zum Beispiel gaben Rosen aus der Gegend zwischen Tripolis und Ägypten den feinsten Duft. Die Parfümflaschen waren aus Onyx oder aus Alabaster und oft wunderbar dekoriert. Zimmer wurden immer parfümiert, obwohl die Gäste allein wie ein abendlicher Blumengarten gerochen haben müssen. Aus dem Jahre 350 v. Chr. stammt folgendes Gedicht:

Der, der sich salbt,
taucht seinen Finger nicht in Alabaster,
wie's die bescheidene Art der guten Alten.
Er lässt vier Tauben fliegen, die von Düften nass,
jede von andern. Sie fliegen um uns und
schütteln den Duft auf unsre Kleider,
und ich, ihr Freunde, ward betaut von Veilchen.

Man salbte jeden Teil des Körpers mit einem andern Parfüm. Für die Achselhöhlen nahm man Pfefferminz, für die Brust Palmöl, für Augenbrauen und Haare Majoranöl, für Knie und Hals zerriebenen Efeu. Dem feinen griechischen Hund wurden die Pfoten mit megallischer Salbe eingerieben.

Die Herren Athener trafen sich beim Salbenmischer wie die Wiener im Café oder wie die New Yorkerinnen im Schönheitssalon.

Sokrates war gegen alle Parfüms, und zwar aus dem reaktionärsten aller Gründe überhaupt: »Herr und Sklave riechen gleich, wenn sie beide parfümiert sind.« Dreihundert Jahre später wurden Leute wie Sokrates Haussklaven bei den Römern.

Leonidas sagte seinem Schüler Alexander, dass er zu viel Weihrauch verbrauche: »So viel kannst du verbrauchen, wenn du die Länder erobert hast, wo der Weihrauch wächst.« Als Alexander der Große Arabien erobert hatte, schickte er seinem alten Lehrer – witzig wie er war – eine ganze Ladung von Myrrhe und Weihrauch.

Myrrhe, Weihrauch und Balsam sind Harze, Myrrhe von der Terebinthe. Weihrauch wächst in Nordostafrika und Südostarabien. Balsam, eine dem Weihrauch verwandte Art, wurde das heilige Salböl der Kirche, und es wuchs zur Zeit von Plinius ausschließlich in Judäa.

Zur Zeit der Ptolemäer, also nach dem Tod Alexanders, benutzte die ganze Welt ägyptische Parfüms, die die ägyptischen Damen in Parfümbeutelchen mit sich trugen. Die wichtigsten Fabriken waren in Alexandria. Die Parfüms waren so kostbar, dass es den Arbeitern verboten war, die Fabriken zu verlassen, ohne sich durchsuchen zu lassen. Es wird berichtet, Kleopatras Parfüm habe eine große Rolle bei der Verführung des Antonius gespielt.

Auch die Römer verboten die Parfüms ohne Erfolg. Parfüms wurden mit der Zeit genauso verschwenderisch benutzt wie Rosen. Die Hauptstraße in Capua war völlig für Parfümläden reserviert. Vasen wurden mit getrockneten Blumen gefüllt – eine Art Potpourri –, um die Zimmer zu parfümieren. Neros Gemahlin Poppaea benutzte eine Salbe aus Erbsenblüten, Gerstenmehl, Eigelb, Weinhefe, Hirschhorn, Narzissenzwiebel und Honig. Für die Damen waren Gesichtsmasken aus Roggenmehl, das mit parfümiertem Öl verdünnt war, üblich, ja, Ärmere kneteten sich sogar einen Teig aus Brotkrumen und Milch.

Die Damen färbten sich die Haare und die Augenbrauen schwarz oder blau, sie legten Rot auf. Nero ließ sich die Fußsohlen salben. Die Krieger rieben sich und ihre Standarten vor und nach der Schlacht mit parfümiertem Öl ein, obwohl Parfüm oft von Bordellwirtinnen und Huren verkauft wurde. Zu großen Festen gehörte die Verteilung von Parfüm.

Der Weihrauch, den Nero bei der Verbrennung seiner Frau Poppaea verbrauchte, übertraf die jährliche Gewürzernte von Arabien.

Die Phönizier und Karthager waren große Parfümhändler, aber außer von Ägypten und Arabien erhielten die Römerinnen große Mengen Parfüm aus Gallien, und kaum hatten die züchtigen Germaninnen diesen degenerierten Boden betreten, als Klothilda und Brunhilda und Galaswintha den Glanz ihrer Erscheinung mit Schminke und Parfüm auf gallische Weise erhöhten, so wenigstens berichtet Gregor von Tours.

Die Düfte Arabiens, besonders Weihrauch, wurden gleich bewertet mit Gold und Edelsteinen. Um ihretwillen wurde Arabien *Arabia Felix,* »glückliches Arabien«, genannt. Die Spezereien wurden gegen Elfenbein und Sklaven, Seidenstoffe und Zucker von Indien und Afrika eingetauscht und bis China gehandelt. Erst der Grieche Arrian zeigte die andere Seite von *Arabia Felix:* Der Weihrauch wurde von Gefangenen und Sklaven in einer Gegend gesammelt, die so ungesund war, dass sie dem sicheren Tod geweiht waren.

Die Königin von Saba brachte die Düfte Arabiens dem König Salomo. Die Könige aus dem Morgenland brachten sie dem Jesuskind. Harun al Raschid sandte an Karl den Großen außer Gewändern wohlriechende Kräuter und andere Schätze des Morgenlandes. Die Araber zahlten an den König von Persien, Darius, einen jährlichen Tribut von tausend Talenten in Frankincense, und Konstantin schenkte die Düfte Arabiens der römischen Kirche. Noch 1742 ging die königliche Familie von England am Dreikönigstage zur Kapelle und legte, nach der uralten Sitte der Könige von England, drei Beutel nieder, gefüllt mit Gold, Myrrhen und Frankincense, zur Erinnerung an die Geschenke der Könige aus dem Morgenland.

Auch Seife ist uralt. Schon die Propheten kannten sie. In Pompeji wurde der Laden eines Seifenmachers ausgegraben. Zum Hofstaat Karls des Großen gehörte ein Seifenmacher. Im 17. Jahrhundert wurde Seife eine

Seltenheit. Als ein deutscher Herr an eine Frau von Schleinitz ein Paket Seife aus Italien schickte, hielt er es für nötig, eine genaue Gebrauchsanweisung zu geben, obwohl er über die französische Gesellschaft (1672) schrieb: »Die französischen Damen halten auf schöne Kleider äußerlich, da doch die Hembder und der Leib öfters sehr unsauber sind.« In England wurde Seife zu einer Selbstverständlichkeit. Ende des 17. Jahrhunderts gab es in England 63 Seifenfabriken, die 25 000 000 Pfund Seife herstellten. Die Seifenfabrikanten waren die ersten, die ihre Produkte in den Zeitungen anzeigten, und heute sind die Werbungskosten der Seifenfabrikanten größer als die für irgendein anderes Erzeugnis. 1712 wurde in England eine Steuer auf Seife eingeführt, die Seife für arme Leute zu teuer machte. Trotzdem wurde diese Seifensteuer erst 140 Jahre später, nämlich 1853, aufgehoben. Sofort nach der Aufhebung der Steuer wurden 136 000 000 Pfund im Jahr verbraucht.

Auch im Mittelalter handelten die Araber weiter mit Parfüms, die sie in tiefen Muscheln vom Roten Meer aufbewahrten. Bis weit ins 18. Jahrhundert wurden Gäste im Orient mit Rosenwasser besprengt. Und nicht nur im Orient. Bei einem Bankett Philipps des Guten von Burgund spritzte die Figur eines kleinen Jungen Rosenwasser.

Die Düfte Arabiens wurden von den Kreuzfahrern erneut in Europa eingeführt. Die Venezianer, dann die Genuesen und schließlich die Florentiner waren die wichtigsten Parfümbereiter, bis Frankreich das Weltzentrum wurde.

»In keinem Lande Europas«, schrieb Jacob Burckhardt, ein echtes Kind des 19. Jahrhunderts, das Kosmetik tief verachtete, »seit dem Untergang des römischen Reiches hat man wohl der Gestalt, der Hautfarbe, dem Haarwuchs von so vielen Seiten zugesetzt wie damals in Italien.« Er spricht von dem Italien der Renaissance. Man trug falsche Haare aus weißer und gelber Seide. Als das verboten wurde, legten sich die Damen, übrigens auch in Deutschland, den ganzen Tag in die Sonne, um die Haare zu bleichen. Für jeden Teil des Gesichts wurden verschiedene Schönheitswasser, Gesichtsmasken, Schminken benutzt. Dass man das Schminken für eine Sache der Buhlerinnen erklärte, schreckte die ehrbarsten Hausfrauen nicht ab. Genau wie im 17. Jahrhundert in Frankreich parfümierte der Mensch nicht nur sich selber, sondern seine ganze Umgebung, sogar die Maultiere wurden parfümiert, und Cosimo de Medici sandte an Aretino parfümiertes Geld.

Es war also Renaissance- und Familientradition, der Katharina von Medici folgte, als sie ihren Leibkosmetiker und Duftbereiter nach Frankreich mitnahm. Sie interessierte sich stark für die Produktion von Blumen für Parfüms und ist gewissermaßen die Schöpferin der französischen Parfümindustrie geworden.

Am Hofe der Königin Elizabeth von England wurden kosmetische Mittel und Parfüms verschwenderisch benutzt. Parfüm auch wegen des schrecklichen Gestanks in den Städten, wo der Rinnstein der allgemeine Mülleimer war. Man trug einen kleinen Ball parfümierter Salbe entweder in der Tasche oder in bezaubernden runden Gefäßlein um den Hals. Sie hießen *pommaders,* was von *pomme* = Apfel kommt. Maria Stuart ging mit einem *pommader* um den Hals zu ihrer Hinrichtung. Der Geruch faulender Äpfel war sehr beliebt, mit Fett und Zimt und Gewürznelken verarbeitet, wurde aus ihnen *pommade.* In die Schränke und Schubladen wurden Duftbeutelchen gelegt, die nach Lavendel oder Veilchen dufteten. In die Kleider wurden Duftbeutelchen genäht. Im Erdgeschoss der neuen Renaissancepaläste wurden Destillierräume eingerichtet, wo die Damen des Hauses Parfüm machen konnten. Sie benutzten dazu die damals üblichen Gartenblumen und Gewürzpflanzen, wie Rosen, Akelei, Veilchen, Schlüsselblumen, Borretsch, Petersilie, Salbei, Melisse, Sauerampfer, Holunder und Nussblätter. Die jungen Mädchen lernten destillieren, wie sie kochen lernten. Und in England hat sich der Name »Stillräume« bis heute erhalten.

Königin Elizabeth hatte ein Cape aus parfümiertem sogenanntem Spanischem Leder. Das Spanische Leder, *peau d'Espagne,* das später mit Frangipani-Parfüm gleichgesetzt wurde, hat eine merkwürdige

Geschichte. Frangipani *(Plumiera)* sind tropische Pflanzen. Die schönen Südseemädchen, die Bewohner von Hawaii, tragen Frangipanikränze anstelle einer anderen Bekleidung. Frangipaniblumen wachsen am Eingang zu Pagoden und Tempeln in Ceylon und Indien, und sie liegen vor den Statuen des Buddha. In Australien werden sie in Massen gezogen. Ferner heißt es, dass der Name Frangipani von dem französischen Wort *franchipanier* komme und sich nur auf den dicken, weißen Saft beziehe, der aus der Pflanze kommt. Eine weitere Erklärung ist, dass Frangipani der Name eines italienischen Duftbereiters war, der das Lieblingsparfüm der Katharina von Medici herstellte, eine Mischung aus Moschus, Veilchenwurzel und Gewürzen. Dieses Parfüm soll den charakteristischen Duft der Frangipaniblüte gehabt haben, und so wurde den Blumen der Name des Parfümmachers gegeben. Frangipani war aber auch der Name eines uralten, wilden römischen Geschlechts. »Sie verbrachten ihr unruhiges Leben in Kämpfen untereinander und mit ihren Nachbarn.« Sie wohnten in Burgen in Kroatien und am östlichen Mittelmeer. Ein Frangipani fuhr mit Kolumbus oder kurz nach ihm nach Amerika. Ein anderer kämpfte an der Seite des französischen Königs in der päpstlichen Armee gegen die Hugenotten, und ein Enkel dieses Mannes, ein Marquis Frangipani, erfand eine Methode, Handschuhe zu parfümieren, Frangipani-Handschuhe.

Peau d'Espagne war das beliebteste Parfüm zur Zeit Ludwigs XV. Die Londoner Firma Atkinson verkaufte bis 1925 ein »Frangipani«-Parfüm. Parfümiertes Leder wurde von Spanien und Italien eingeführt und für Handschuhe, Portemonnaies usw. verwendet. »Spanisch Leder«, ein sehr starkes Parfüm, konnte man in vier Zoll großen Stückchen bis 1936 in der Londoner Bond Street kaufen, um sie zwischen Briefpapier und Wäsche zu legen. 1890 wurden 4000 solcher Stückchen, das Stück zu einer Mark, verkauft.

Die Verbindung von Handschuhen mit Parfüm ist überhaupt eine merkwürdige Sache. Philipp August von Frankreich gab den Duftbereitern und Handschuhmachern von Paris 1190 einen Gildenbrief. 1696 erneuerte Ludwig XIV. das Patent der alten Handschuhmachergilde, worin sie »Die Herren Handschuhmacher- und Parfümmeister« genannt wurden. Aber schon 1426 führten die Duftbereiter drei Handschuhe im Wappen.

Mit einem Paar parfümierter Handschuhe, die noch dazu mit vier Rosetten aus rosa Seide besetzt waren, ließ sich Königin Elizabeth malen. Die englischen Kurzwarenhändler kannten keine garnierten Handschuhe, weder bestickte noch solche, die mit Gold oder Silber besetzt waren, noch kannten sie Parfüms, bis im fünfzehnten Jahr der Regierung Königin Elizabeths der Earl von Oxford Handschuhe mitbrachte sowie »eine parfümierte Lederjacke und andere schöne Dinge«. 1682 bestellte eine englische Gräfin 99 Paar Handschuhe, die teils mit Orangenblüten, teils mit Ambra parfümiert waren. Noch in der Mitte des 18. Jahrhunderts heißt es in einem deutschen Lexikon: »›Parfumer‹ heißt, einem Ding durch allerley wohlriechende Sachen einen angenehmen Geruch zuwege zu bringen; wie bei Handschuhen, Messern und andern Sachen zu geschehen pflegt. Man kann aus Italien und Frankreich parfümierte gestickte Tafeltücher, Schnupftücher, Lederbeutel beziehen.« Zur gleichen Zeit wird das Parfümieren der Handschuhe genau beschrieben, z. B. konnte man Jasminbutter kaufen, um sie selbst zu parfümieren. Und noch einen Monat vor Waterloo bestellte sich Napoleon parfümierte Handschuhe bei M. Houbigant in der Rue du Faubourg St. Honoré 19, einem Etablissement, das Handschuhe, Puder, Pomaden und Parfüms anzeigte, aber auch Blumenkörbe für Taufe und Hochzeit.

Um aber von den Handschuhen auf den allgemeinen Luxus zur Zeit der Königin Elizabeth zurückzukommen, so bat der Wärter der Maria Stuart um mehr Geld, da sie in Wein zu baden gewohnt sei. Ältere Damen badeten in parfümiertem Wein, jüngere in parfümierter Milch. Das ist verständlich, aber unverständlich ist, dass es einer Frau wie der Maria Stuart, die doch wusste, dass sie sich in Lebensgefahr, zumindest in lebenslanger Gefangenschaft befand, wichtig war, in Wein zu baden. Das ist so seltsam wie das Verhalten der Marie Antoinette, die sich, als sie im Temple gefangen saß, ihren Blumenmaler Redouté kommen ließ, damit er ihr einen Kaktus male, den sie da hatte und der ihr so gut gefiel. Offenbar konnten beide Frauen sich nicht vorstellen, dass sie wirklich umgebracht würden.

Von der Gegend um Schiras, der Provinz Farsistan, wurde schon sehr früh Rosenwasser, das nach der Methode von Avicenna destilliert wurde, nach China, Indien, Ägypten, Spanien und Marokko geschickt. Noch im 18. Jahrhundert wurde persisches Rosenwasser in Indien mit Zimt und weißem Zucker getrunken.

1612 wurde dann in Persien unter märchenhaften Umständen das Rosenöl entdeckt.

Bei einem Fest hatte eine mongolische Kaiserin einen Kanal graben und mit Rosenwasser füllen lassen. Als der Kaiser mit ihr am Kanal entlangging, sahen sie eine Art von Schaum an der Oberfläche. Sie sammelten ihn und sahen, dass es etwas von den Rosen war, das die Sonnenhitze vom Wasser getrennt hatte. Es gab den herrlichsten Duft.

Allmählich kam diese Destillationsmethode nach dem Westen, und von Tunis brachte sie ein Türke 1680 nach Bulgarien, das den größten Teil des Weltbedarfs an Rosenöl herstellte.

In Frankreich begann im 16. Jahrhundert ein riesiger Verbrauch an Parfüms. Die Söhne der Katharina von Medici und ihre Lustknaben übertrieben natürlich den Verbrauch. Auch die großen Damen der Zeit verwendeten sehr viel kosmetische Mittel. Man ist sich darüber klar, dass die berühmten Schönheiten, Diana von Poitiers, Margarete von Navarra, die schöne Gabriele und später Ninon de l'Enclos, so besonders schön wirkten, weil sie die Kunst, »sich zurechtzumachen«, in einer Welt ausübten, die im Allgemeinen kein »Sichzurechtmachen« kannte.

Mandelkleie, Kakao und Vanillecreme wurden von Spanien importiert, Hände und Schultern der Dame Rambouillet leuchtend weiß zu erhalten. Kosmetika und Parfüms blieben das ganze 17. Jahrhundert im Gebrauch, bis zum Höhepunkt der Unsauberkeit und des Parfümverbrauchs in der Mitte des 18. Jahrhunderts. Die Bauern der Riviera rissen ihre Olivenbäume aus, säten keinen Weizen mehr und pflanzten, wie ihre Vorfahren in der Campagna in römischen Zeiten, Felder von Lavendel und Rosen, Jasmin und Akazien, Orangen, Bergamot, Tuberosen und Veilchen.

Das Sichzurechtmachen kostete im 17. und 18. Jahrhundert vielen jungen Frauen das Leben, denn die Schminken bestanden fast immer aus tödlichem Blei, und die winzigen Mengen Arsenik, die man später harmloseren Schminken beifügte, waren genauso gefährlich. Noch 1840 wird gewarnt, dass Schminken ein Zittern der Gesichtsmuskeln verursacht, das mit Gesichtslähmung enden kann.

Madame de Pompadour gab jährlich eine halbe Million Francs für Parfüm aus. Aber sie hat auch die Porzellanmanufaktur in Sèvres und die Seidenfabrikation in Lyon gegründet und die Ausgrabungen in Pompeji in jeder Beziehung, auch mit großen Geldmitteln, gefördert.

Ludwig XIV. wusch sich nie, und eine seiner Geliebten sagte: »Er stinkt wie ein Aas«, offenbar trotz seines ständigen Gebrauchs von Orangenblütenparfüm. Auch Richelieu war wasserscheu wie die ganze Epoche und verließ ungern sein überparfümiertes Arbeitszimmer. Wasser galt als gesundheitsschädlich, und es war tatsächlich der Verbreiter vieler Epidemien. Nach der Französischen Revolution wurden genauso viele Duftmittel benutzt wie vorher. Schon unter dem Direktorium brachten fünf Damen die parfümierten Bäder der Griechen und Römer wieder in Mode. Madame Tallien, die Gattin des Bürgers Tallien, ließ sich, nachdem sie ein Bad aus zerquetschten Himbeeren und Erdbeeren genommen hatte, mit Schwämmen abreiben, die in Milch und Parfüm getaucht waren. Napoleon ließ sich täglich Kopf und Schultern mit Eau de Cologne einreiben und die Zimmer mit Aloe räuchern, genau wie der Leutnant Rostow, im Feldzug von 1812, es auf der russischen Seite als eine Selbstverständlichkeit ansah, sich mit Eau de Cologne einzureiben.

Eau de Cologne war und ist kein Parfüm, sondern

ein Erfrischungsmittel: »Dies ist ein aus den auserlesensten Arzneykräutern gemachter fliegender Geist, welcher die angegriffenen Theile des Leibes stärket. Das ist ein kräftiges Mittel gegen die Schlagfüss, Zitteren, Steife des Hals, Podagra und Herzklopfen. Es tröstet ohnfehlbar die Weiber in beschwerlichen Kindbetten. Es vertreibet das ungestümme Ohrenklingen und stillet Augenwehe und Zahnschmertzen ...«, heißt es in einem alten Reklamezettel der Firma »gegenüber dem Jülichs-Platz«, im urältesten Köln, wo sich Schicht auf Schicht türmt. Schon Friedrich Wilhelm I., der Soldatenkönig, bekam 1734 ein schönes Quantum »Kölnisch Wasser«. Französische und preußische Offiziere benutzten es im Siebenjährigen Krieg, und die Frauen um Napoleon benutzten es nicht weniger als Napoleon selbst. Jeden Monat ging eine Kiste an Napoleons Schwester nach Neapel, an Marie Louise in die Tuilerien und an Pauline Borghese. Professor Zelter, Münzstraße 1, Berlin, bestellte am 10. September 1814 sechzehn Flaschen »Cölnisches Wasser« für die »Geheimräthin von Goethe, Excellenz in Weimar«. Und Goethe antwortete: »Nur eilig vermelde ich, mein theuerster Freund, dass die Frauenzimmer für die Cölner Wohlgerüche danken. Frau Professor Riemer wird sich an ihrem Teil in den Flitterwochen erquicken.«

Napoleon war sehr empfänglich für Parfüms, und Josephine hatte die Kunst der Parfüms und der Kosmetika von ihrem heimatlichen Martinique mitgebracht. Sie lebte im aufregenden Moschusgeruch. Es gibt nämlich, außer den verhältnismäßig harmlosen Blumendüften, die sehr erregenden Tierparfüms, Sekrete gewisser Tiere, um die Weibchen anzuziehen, so zum Beispiel die des Moschustieres, das Bibergeil des Bibers, das Ambra des Pottwals, das frei auf dem Meere schwimmt.

Schönheitsmittel waren Geheimnisse. Der große Betrüger Cagliostro, der in ganz Europa Liebestränke und Schönheitsmittel verkaufte, verkaufte auch der Madame Dubarry ein Mittel, das ihre Schönheit bewahren sollte. Er war nur einer aus einer ganzen Schar von Quacksalbern. Wie man zugeben muss, war dieses Benutzen von geheimnisvollen Cremes und geheimnisvollen Parfüms eine Art unlauterer Wettbewerb, der denn auch 1770 in England durch Gesetz verboten wurde.

Das Gesetz lautete: »Alle Frauen, von welchem Rang, Alter, Stellung, ob Jungfrauen, Mädchen oder Witwen, die durch oder nach solcher Art irgendeinen Untertan Seiner Majestät zur Ehe verführen oder betrügen, und zwar durch Parfüms, Schminke, kosmetische Mittel beim Waschen, falsche Zähne, falsches Haar, spanische Wolle (das ist Wolle, die mit roter Schminke imprägniert ist), eiserne Korsettstäbe, Schuhe mit hohen Absätzen, gepolsterte Hüften, sollen nach dem Gesetz bestraft werden, das gegen Hexenkünste und ähnliche Vergehen in Kraft tritt, und die Ehe soll für ungültig erklärt werden.«

Die Ansichten über das Schminken haben so oft gewechselt wie alle Ansichten über irgendeinen Aspekt des Daseins.

In Frankreich durften sich während des Ancien Régime die Damen der Straße, die *filles entretenues,* nicht schminken. Schminken war den Damen der großen Welt vorbehalten. Darin liegt ein gewisser Sinn. Aber im 19. Jahrhundert, nach 1815, verpönte die große Welt – die russischen Frauen waren vielleicht die einzige Ausnahme – die großen Verschönerungs- und Verführungsmittel aller Zeiten aufs Strengste. Sie wurden den leichten Damen oder, wie man damals sagte, der *demi-monde* überlassen. Das Resultat war, dass die Nanas, Violettas, die Grisetten die geliebten Frauen der Epoche wurden.

Ein anderes Resultat war, dass der Kauf von Schönheitsmitteln streng geheim gehalten wurde, sodass Betrügerinnen und Erpresserinnen ein leichtes Spiel hatten. In London ließ sich eine Madame Rachel in den Sechzigerjahren 20 000 Mark für ein Bad zahlen, das aus heißem Wasser und Kleie bestand, bis sie lange danach zu fünf Jahren Gefängnis verurteilt wurde, weil sie eine Dame zu sehr geschröpft hatte, die endlich den Mut fand, die Betrügerin anzuzeigen, wobei sie sich natürlich selber bloßstellte.

Es war Rousseau, der den Naturkult, den Kult

des Natürlichen, eingeführt hatte: »Alles ist gut, wenn es aus den Händen des Schöpfers hervorgeht, alles entartet unter den Händen des Menschen«, eine der größten Narrheiten, die je geschrieben und geglaubt wurden, und einer seiner kleineren Nachbeter meinte: »Heutzutage wird die Natur nicht verbessert, deren Werk niemand verbessern oder vervollkommnen kann, nichts ist schön außer dem Wahren, das Wahre allein ist liebenswert«. Und der eleganteste Herr der Zeit, der große Dandy Beau Brummel, sagte: »Kein eleganter Herr benutzt Parfüm, sondern man schickt seine Wäsche weg, damit sie auf der Hampsteadter Heide gewaschen und getrocknet wird.«

In den Gärten des Kaisers von China wurden Rosen in solcher Menge gezogen, dass die daraus gewonnene Essenz jährlich 100 000 Mark eintrug. Aber nur die kaiserliche Familie und die Mandarinen durften sich dieses Parfüms bedienen.

Vom Ende des 19. Jahrhunderts an wurde Parfüm wieder in steigendem Maße gebraucht. Elegante Französinnen ließen sich, wie die Engländerinnen zur Zeit der Königin Elizabeth, in die Säume ihrer Röcke und in die Schultern und in gleicher Weise in die Kissen ihrer Equipagen schmale Streifen getrockneten Parfüms einnähen. Es gehörte zum guten Ton, sein ganz persönliches Parfüm zu haben. Zum Beispiel benutzte die Königin Alexandra von England, Gattin

Eduards VII., ihr ganzes langes Leben nur *White rose.* Derselbe Duft musste die Frau von Welt und alles, was mit ihr zusammenhing, durchdringen, die Musiknoten und die Bücher, die sie verlieh, die Hand, die sie zum Kuss reichte, die kleinen rosa Morgenbilletts an den Geliebten; denn damals lernten die Damen schreiben, um Liebesbriefe verfassen zu können, was auch den jahrzehntelangen Widerstand der Väter gegen den Schreibunterricht der Mädchen begreiflich macht. Noch immer war *bois de santal* = Sandelholz ein berühmtes Parfüm, das diesmal von Atkinson in der Londoner Bond Street als feinstes Parfüm des Jahres 1885 kreiert wurde.

Und wenn die gnädige Frau auch Schminke und Puder ablehnte, so besaß sie doch andere Mittel, um bei ihrem Gebieter durchzusetzen, was sie wollte.

Es gab ein Zwiebelparfüm, das alle Eigenschaften der Zwiebel besaß, nur nicht den Geruch. Ein so parfümiertes Taschentuch befähigte also die Damen zu jeder Zeit und an jedem Ort, wenn es nottat, zum Weinen, »sei es«, sagte die Reklame, »um den Zorn des eifersüchtigen Ehemannes zu beschwichtigen, sei es, um als Erbe den verstorbenen Erblasser zu beweinen. Ein Flakon reicht für das größte Leichengefolge eines Millionärs aus, und es kann sich daher jeder Erbe leicht und wohlfeil in den Ruf eines tiefbetrübten Verwandten bringen, was ihn sicher in der allgemeinen Achtung steigen lässt.«

Auf der Linie des Zwiebelparfüms mit dem Ziel der künstlichen Tränen liegt auch der »Adernpinsel«. Dazu muss man wissen, dass ein »durchsichtiger Teint«, der es erlaubte, den roten Wein durch den Hals fließen zu sehen, als Zeichen der größten Schönheit galt. Wenn der rote Wein nicht zu sehen war, so galt als zweites Beispiel großer Schönheit das sichtbare blaue Geäder. Man erreichte das, indem Licht und Luft streng vermieden wurden, von der Sonne ganz zu schweigen; ihm zuliebe wurde die Gefahr der Schwindsucht auf sich genommen. Der Adernpinsel war also höchst willkommen, um das blaue Geäder zu unterstreichen.

Nach 1918 wurden Parfüms und kosmetische Mittel Gegenstände des täglichen Gebrauchs. Kosmetische Mittel waren zum ersten Mal harmlos. Anstelle der oberen Zehntausend, wie zu allen anderen Zeiten, kam der destillierte Duft der Rose jetzt den Millionen in Westeuropa und vor allem in Amerika zugute. Der wöchentliche Besuch der *Beauty Parlors* ist für die Amerikanerin eine Selbstverständlichkeit, und sie gibt für Schönheitsmittel einen großen Prozentsatz ihres Einkommens aus. Es gibt die Schönheitssalons vom elegantesten bis zum einfachsten, aber rosa Tönung, rosa Frisiermantel und viel rosa Plastik ist das Übliche. Die Ansichten über das Resultat dieser Besuche wechseln von der Ansicht jenes Franzosen, der erklärte, er könne sich in Hollywood nicht verlieben, weil alle Frauen dort gleich aussähen, bis zu der Ansicht vieler, dass Amerika die schönsten Frauen der Welt habe. Aber zwei, sogar drei Resultate stehen fest: Eine Frau, die aus einem Schönheitssalon kommt, fühlt sich anders, auch wenn sie, wie alle Frauen in der Welt, Säuglinge trockenzulegen, des Gemahls Hemden zu plätten und Spinat zu kochen hat. Das zweite Resultat besteht darin, dass die hässliche alte Frau verschwunden ist. Eine alte Frau, wenn sie nicht ganz arm ist, sieht angenehm aus. Und das finde ich schon sehr viel. Das Großartigste aber ist, dass selbst in der glühenden Hitze New Yorks und in den Hauptverkehrszeiten die sich pressende Menschheit in der Untergrundbahn gut riecht.

Parfüm ist keineswegs nur Freude und Anregung. Man hat festgestellt, dass ein Mann, der ein Kilogramm mit dem Daumen hochheben konnte, unter dem Einfluss von starkem Tuberosengeruch hundert Gramm mehr heben konnte. Es erscheint außerordentlich interessant, dass Männer einen empfindlicheren Geruchsinn haben als Frauen. Ein Parfüm, das Frauen noch angenehm ist, kann auf Männer abstoßend wirken. Gerüche wirken verschieden.

Schiller glaubte, bei Geruch faulender Äpfel begabter zu werden, ein Geschmack, der, wie wir hörten, von vielen geteilt wurde. Victor Hugo dichtete beim Geruch der wilden Winde. Nicht jeder reagiert in der gleichen Weise auf einen Geruch. Knoblauchgeruch entkräftete Heinrich III. von Frankreich und regte Heinrich IV. zu außerordentlichen Unternehmungen an.

Das beliebteste Parfüm war jahrhundertelang das »Ungarische Wasser«, das hauptsächlich aus Rosmarin bestand. Die Königin Elisabeth von Ungarn bekam es von einem Eremiten. Das Originalrezept befindet sich in der Wiener Bibliothek. Es ist ein alter Volksglaube, dass Rosmarin, in Wein gekocht, schön mache. Orangenblüten und Jasminparfüm waren im 16. Jahrhundert beliebt. Lilienwasser, *eau de lys,* wurde seit 1765 als Gesichtswasser gebraucht. Der Saft von Lilien galt schon immer als das beste Mittel gegen Sommersprossen.

Eau de Cologne wurde 1709 von einem Johann Maria Farina in Köln entdeckt. Farina war Italiener. Andere sagen, es sei von einem Paul de Feminis in Mailand entdeckt und von 1690 an in Köln fabriziert worden. Seitdem wurden alle möglichen Personen mit dem Namen Farina nach Köln gebracht, um das Recht zu haben, Eau de Cologne zu fabrizieren. Endlose Prozesse konnten nicht klarlegen, wer das Originalrezept benutzt hatte. Es gibt ein altes französisches Gedicht:

Ils étaient deux alors. Ils sont mille aujourd'hui
sur ses temps primitifs le foux progrès à lui.
Et chaque jour le Rhin vers Cologne charrie

de nombreux Farinas, tous »seul«, tous »Jean Marie«.

Die Namen der Essenzen wurden streng geheim gehalten, so geheim, dass am 16. Dezember 1796 vier Pfund »Brutus«, zwei Pfund »Caesar«, zwei Pfund »Ovid« und sechs Pfund »Plato« bestellt wurden.

Ob Bienen, in Rosenöl gekocht, Kahlköpfen Haare bringen, scheint zweifelhaft, aber sicher ist, dass Rosenwasser als Teintreinigungsmittel allgemein benutzt wurde, und dass Rosenöl und Rosenwasser immer für Parfüms und Süßigkeiten verwendet wurden. Man braucht 20 000 Rosen für ein Rupiengewicht Öl oder 5000 bis 6000 Kilogramm geben erst 1 Kilogramm Öl. Bulgarien stellt noch immer den Weltbedarf an Rosenöl her. Kalter Krieg oder kalter Frieden, das Öl der Rosen durchdringt den Eisernen Vorhang. Wie die Chinesen sagen: »Das Weichste auf Erden durchdringt das Härteste auf Erden.« Ein Kilo Rosenöl, immer noch nach der Methode des Avicenna hergestellt, kostete 1955 8250 Mark. Der Duft des Rosenöls ist so intensiv, dass ein Taschentuch, das man mit einer Nadelspitze voll Öl auch nur berührt hat, den Duft monatelang, auch nach der Wäsche, bewahrt. Graf Moltke schrieb aus der Türkei: »Ich hatte mir einen Vorrat Rosenöl mitgenommen, und da ich genötigt war, einen Tag mit der Flasche in der Tasche zu reiten, so dufte ich nun acht Tage wie ein Rosenstock.«

Es ist eine seltsame Tatsache, dass die Wurzel der *Iris florentina,* die in Wirklichkeit keine Wurzel, sondern ein Rhizom ist, einen Duft erzeugt, der dem Veilchenduft fast gleicht. Diese sogenannte Veilchenwurzel wurde noch am Ende des 19. Jahrhunderts den Säuglingen beim Zahnen gegeben. Die zerriebene Wurzel war das Veilchenpulver, das, in Musselinbeutelchen aufbewahrt, allen Gegenständen den lieblichsten Veilchenduft verlieh. In der Umgebung von Florenz und Siena wurde der größte Teil dieser Iriswurzel gezüchtet. Das Dorf San Polo war das Zentrum der Kulturen, die durchschnittlich 300 Tonnen im Jahr produzierten. Die Verarbeitung fand im Parfümzentrum Grasse statt. Dem Frauenideal der Zeit entsprechend war in der zweiten Hälfte des 19. Jahrhunderts der Veilchenduft das Lieblingsparfüm der feinen Welt. Es wachsen nicht nur viele Blumen am besten an der Riviera, der Duft der französischen Blumen ist auch der schönste der Welt. Nizza und Cannes produzieren jährlich 175 000 Kilogramm Veilchenblüten. Dieser Veilchenkultur wurde ein schwerer Schlag versetzt, als zwei Deutsche, Tiemann und Krüger, die chemische Zusammensetzung des Veilchenduftes durch Untersuchung der Iriswurzel entdeckten. Sie nannten ihr Produkt *lonone,* nach *ionon* (griechisch = blau), und ließen es patentieren, das heißt, 1893 wurde der Veilchenduft patentiert, eine erschütternde Tatsache. Das Resultat war der Rückgang der Veilchenkulturen von 175 000 kg auf 60 000 kg, und von diesen 60 000 kg wurden nur noch 20 000 kg für Parfüms benutzt. Die übrigen Veilchen wurden als Sträußchen versandt.

Später wurden fast alle Blumendüfte auch synthetisch hergestellt. Aber die feinen Parfüms bestehen wie eh und je aus den alten Substanzen, oft zwanzig verschiedenen in verschiedensten Mengen, Sandelholz und Zedern und Rosmarin und Jasmin und Rosenöl. Obwohl der Verbrauch an Parfüms und kosmetischen Mitteln um 1890, verglichen mit anderen Epochen, niedrig war, wurden doch 680 000 Liter Parfüm – allein in Europa – verbraucht. Nizza produzierte jährlich etwa 600 000 kg und Cannes 1 400 000 kg Orangenblüten, Nizza und Cannes produzierten etwa 1 200 000 kg Rosen, hauptsächlich die alte *Rosa centifolia*, aber auch *Paul Nabonand*, *Van Houtte*, *Paul Neyron* und *Frau Karl Druschki.*

Auch der Lavendel bedeckte und bedeckt ganze Felder bei Grasse, auf 2/5 Hektar wachsen 1000 kg, die 5 kg Essenz ergeben. Aber Lavendelwasser ist im Wesentlichen ein englisches Erzeugnis, das seit 1770 von Yardley im großen Stil hergestellt wird. Es ist bemerkenswert, dass der alte Glaube, Lavendel vertreibe Insekten, besonders Motten, seine Bestätigung fand. Ein Tropfen konzentrierter Lavendelessenz tötet ein Insekt sofort. – Auch Jasmin wird an der Riviera in riesigen Mengen gezogen. 10 000 Jasminblüten wiegen ein Kilogramm, und 1000 kg ergeben 1,2–1,5 kg Essenz, deren Preis 11 500 Mark je Kilogramm beträgt. Die Jasminblüten müssen in der Morgendämmerung gepflückt werden, und eine Person kann drei Kilo, also 30 000 Blüten, in sechs Stunden pflücken. In Grasse allein werden in einem normalen Jahr eine Million Kilogramm Orangenblüten geerntet.

Auch außerhalb Frankreichs werden Parfümpflanzen wie seit Jahrhunderten, man möchte sagen: Jahrtausenden, erzeugt, und sie kommen aus Gegenden, von denen niemand das erwarten würde. So kommt Bergamot aus dem armen Kalabrien, so wächst in Jugoslawien, an der verkarsteten, völlig unfruchtbaren Adriaküste, Salbei in solchem Ausmaß, dass eine Million Kilogramm getrocknete Salbeiblätter und bis zehntausend Kilogramm Öl daraus exportiert werden können. Ein wesentlicher Bestandteil der Seife und der Parfüms, Zitronella, kommt aus Formosa, und zwar ausschließlich von dort.

Bis 1918 bestanden Parfüms fast nur aus Blumengerüchen. Roger und Gallets Veilchenparfüm, mit hellllila Bändchen dekoriert, ist für manche eine Kindheitserinnerung. Ich selber hatte als erstes Parfüm Maiglöckchen von Atkinson in einer kugeligen Flasche mit einer Kugel als Deckel. Um 1912 waren für kurze Zeit, infolge des Triumphzuges des Russischen Balletts durch Europa, schwüle orientalische Parfüms beliebt. Sie passten gut zu Turban und Reihergesteck. Seit 1918 sind Blumengerüche altmodisch. Zu abgeschnittenen Haaren und kniefreien Röcken, zu Stahlstuhl und kahler Wand und Kameradschaftsehe passte ja auch weder Veilchen- noch Rosenduft. Seitdem die Damen weder »Veilchen« noch »Lilien auf dem Felde« sind, versuchen sie nicht mehr nach Blumen zu riechen. Die Welt ist voll von Düften. »Es riecht nach Herbst«, sagen wir im September. Es ist ein Gemisch aus Herbstfeuchtigkeit und Pilzen und dem Duft von Astern und Georginen. Der Herbstgeruch der Äpfel, der Eicheln und der Kastanien und der vermodernden Blätter, ein leise melancholischer, ein leise wissender Geruch, all das ist in den Herbstparfüms, zu denen die Ledergerüche *Cuir de Russie* und *Peau d'Espagne* gehören und Lavendel, der, wie man weiß, das Gegenteil eines Aphrodisiacums ist. Aber auch die sehr berühmten Parfüms von Lanvin: *Scandale, Rumeur, Arpège,* sind Herbstgerüche. Sie sind das Gegenteil von Sommerblumenduft oder von jenem ersten Hauch des Frühlings, wenn man im Februar das Fenster öffnet und riecht: Frühling. *Quelques Fleurs* von Houbigant ist eine Frühlingskomposition, die fast in den Sommer reicht, ein Mai-und-Juni-Duft. Die großen Meister der großen französischen Parfüms komponieren wie eine Symphonie, wie ein Gemälde, das Parfüm einer Stadt: *Paris,* das Parfüm einer Zeit: *Narcisse Noire,* dies Parfüm aus der Zeit der Vamps, der Clara Bow, kurz: der wilden Zwanzigerjahre, ein heißes Parfüm, ein Urwaldduftgemisch.

Die Ziffern der französischen Parfümproduktion waren und sind gigantisch, die Produktion reicht von den modernsten Fabriken bis zu den primitivsten Methoden der Rivierabauern. Sie schneiden den Lavendel mit der Hand, laden ihn auf Schubkarren, kippen den Schubkarren mit der Hand um und schütten den Lavendel mit der Schaufel in einen Ofen, um ihn zu destillieren.

Die französische Parfümproduktion betrug in französischen Francs, die schwer zu vergleichen sind, aber doch ein gewisses Bild ergeben:

1812	13 Mill. Fr.
1856	18 Mill. Fr.
1866	26 Mill. Fr.
1876	40 Mill. Fr.
1895	75 Mill. Fr.
1928	187 Mill. Fr.
1953	9275 Mill. Fr.
1954	9466 Mill. Fr.
1955	10 742 Mill. Fr.

Von der französischen Produktion wurden 1928 fünfundsiebzig Prozent exportiert, was die Hälfte des Welthandels war, zur gleichen Zeit führte Deutschland fünfzehn Prozent aus. In den fünfziger Jahren führte Frankreich aus:

1953	38 %
1954	40½ %
1955	43 %

Die englische Produktion von Parfüms ist von 1949 bis 1952 ständig gefallen, um dann wieder anzusteigen. Sie betrug 1954 33 200 000 Mark. Im Gegensatz dazu ist die Produktion der kosmetischen Industrie ständig gewachsen, und zwar von 134 000 000 Mark 1949 auf 228 000 000 Mark im Jahr 1954. Die deutsche Körperpflegemittelindustrie stellte 1952 für 240 Millionen Mark und 1955 für 353 Millionen Mark kosmetische Erzeugnisse her.

Die französische kosmetische Industrie wurde nach dem Ersten Weltkrieg von der amerikanischen überflügelt. Die Umsatzzahlen sind erschütternd, weil sie wie in einem klaren Spiegel die ökonomische – und nicht nur die ökonomische – Geschichte unserer Zeit zeigen, zugleich kann man sich eines Vergleichs mit einem Schlauch-und-Leiter-Spiel nicht erwehren.

1914	39,8 Mill. Dollar	
1918	103 Mill. Dollar	
1929	378 Mill. Dollar	Höhepunkt der guten Zeiten.
1930	336 Mill. Dollar	Die Krise beginnt.
1931	297 Mill. Dollar	Krise wird schlimmer.
1932	288 Mill. Dollar	Höhepunkt der Krise.
1936	336 Mill. Dollar	Genau wie 1930.

1949	770 Mill. Dollar	Ein Aufstieg beginnt, eine
1952	1000 Mill. Dollar	Produktion, über die sich das Weltgefühl noch gar nicht klar ist.

Aber plötzlich kommen auch die Franzosen wieder, und ein einziger Laden in einer einzigen Stadt Amerikas verkaufte 1954 für fünfzig Millionen Dollar Produkte einer einzigen französischen Firma. Das populärste amerikanische Fernsehprogramm, die 64 000-Dollar-Frage, war das Reklameprogramm einer Kosmetikfirma.

Wappenblumen

Die Lilie ist das Wappen der Bourbonen.

Die Rose ist seit den Tudors das Wappen der englischen Könige.

Die Tulpe war das Wappen der türkischen Sultane aus dem Hause Osman.

Die Chrysantheme Hironischi ist das japanische Staatswappen.

Die drei Blätter und die drei Blüten der Kiripflanze *(Paulownia imperialis)* sind das Familienwappen des Mikado von Japan.

Die Distel ist das Wappen Schottlands.

Der Klee ist das Wappen Irlands.

Der Lauch ist das Wappen von Wales.

Die französische Lilie ist vielleicht das allerbekannteste Blumensymbol. Blumennamen sind nur in ihrer wissenschaftlichen lateinischen Bezeichnung eindeutig, sonst werden sie immer durcheinandergebracht, aber eine Unklarheit, wie sie über die französische Lilie herrscht, obwohl sie vielleicht die am häufigsten erwähnte und gezeichnete, in Stein gehauene, auf Stoff gedruckte, in den Stoff gewebte aller Blumen ist, ist doch etwas Ungewöhnliches. Die Verwirrung kommt daher, dass die französische Lilie keine Lilie ist, sondern eine Iris. Man braucht sich bloß das Symbol genauer anzusehen, um das zu erkennen.

Die Iris begann ihre öffentliche Laufbahn als Symbol der Beredsamkeit, und sie wurde deshalb schon den Statuen der Sphinxe auf die Stirn gemeißelt. Moses war einst zwischen Iris gefunden worden. Zur Zeit des Merowingerkönigs Chlodwig floss Frankreich geradezu über von Iris. Ludwig VII. wählte für sein Banner das bekannte Symbol (Lilie resp. Iris), als er 1150 in den zweiten Kreuzzug zog. Von da an wurde das Symbol *Fleur de Louis* schließlich *Fleur de luce – Fleur de lis* genannt.

Für den Ursprung des Symbols gibt es religiöse, militärgeschichtliche und geographische Erklärungen. Die Legende erzählt: Als Chlodwig während der Schlacht gegen die Alemannen eine Niederlage befürchtete, gelobte er, sich taufen zu lassen. Da erschien ihm ein Engel mit einer Lilie. Nach dem Sieg ließ sich Chlodwig (496) mit vielen tausend Franken zu Reims von dem Heiligen Remigius taufen.

Es gibt aber auch eine andere Version, derzufolge die Blume *Fleur de Lys* nach dem Fluss Lys benannt wurde, an dem Chlodwig seinen Sieg errang, nach jenem Schicksalsfluss, der bei Gent in die Schelde fließt, an dem 1915 die europäische Jugend verblutet ist. Ferner soll Chlodwig beobachtet haben, dass der Fluss an einer Stelle voll gelber Iris war: Beweis für eine Furt. Chlodwig führte seine Armee hinüber und wählte aus Dankbarkeit die gelbe Iris als Wappen.

Im Nachfolgenden wird überall das falsche, aber gebräuchliche Wort *Lilie* benutzt, wenn eigentlich *Iris* gemeint ist: Man hat ein mit Lilien verziertes Zepter aus dem 12. Jahrhundert in St. Germain des Prés, der ältesten Pariser Kirche, gefunden, aus dem gleichen 12. Jahrhundert, in dem, wie wir mit Sicherheit wissen, Ludwig VII. das Lilienbanner im zweiten Kreuzzug trug.

Die Eltern der Jungfrau von Orleans wurden unter dem Namen *du Lys* in den Adelsstand erhoben. Ihr blaues Wappen zeigte einen Lilienkranz über der Spitze eines Degens und zwei Lilien.

1381 hat Karl VI. (1380–1422) die Anzahl der Lilien im französischen Wappen auf drei festgelegt.

Die Fahnen Franz' I. trugen Liliengirlanden, und die Lilie wurde das Wappen der Bourbonen.

Der Nordpfeil des Kompasses wurde von Flavio Giova von Amalfi, der als Erster den Magneten in der Seefahrt benutzte, 1302 mit der französischen Lilie geziert, als ein Kompliment für Frankreich.

Der englische Botaniker Turner hat noch einmal 1568 bestätigt, dass die Iris *Fleur de lyce* heißt. Es war dann Linné, der einfach den Namen *Fleur de lys* aufgab und die ganze Gruppe *Iris* nannte.

Jeder, der während der Französischen Revolution die Kühnheit besaß, eine Lilie zu tragen – und das waren Hunderte –, wurde durch das Revolutionstribunal vom 21. Januar 1793 zum Tode verurteilt. Auf allen Denkmälern wurden die Lilien abgeschlagen und durch die Freiheitskappe, durch den kaiserlichen Adler Napoleons ersetzt. Wo Napoleon solch einen Raubvogel für unangebracht hielt, ersetzte er die Lilie durch eine Biene.

Bis zum 1. Januar 1800 bildete die Lilie auch einen Bestandteil der englischen Krone. Von da an blieben nur noch der Klee, die Rose, die Distel und der Lauch als königlich britische Gewächse übrig, wie man auf jedem englischen *6d*, was *sixpence* heißt – das *d* steht für *denarius*, die römische Münze –, sehen kann. Noch heute ist das Regimentsabzeichen des 1. Manchester-Regiments die französische Lilie.

Einen Lilienorden stifteten Ferdinand von Aragonien 1413 und Papst Paul III. 1546. Ludwig XVIII. stiftete 1814 den *Ordre du Lys*, eine silberne Lilie am weißen Band, und während die Liberalen das napoleonische Veilchen trugen, steckten die Royalisten sich aufs Neue ihre Lilie an die Brust, ja, sie vergaßen völlig, dass die Lilie eine Iris ist, und stellten richtige Liliensträuße in ihre Salons und auf ihre Ladentische.

Die Niederländer verbannten während der Französischen Revolution nicht nur eine Blume, sondern eine ganze Farbe: Die orangenfarbene Lilie und die Ringelblume, aber auch Apfelsinen und Karotten wurden von den Märkten ausgeschlossen wegen ihrer aristokratischen Farbe, die die des Hauses Oranien war.

In Irland konnte man leicht die Häuser von Katholiken und Protestanten unterscheiden. Die Katholiken pflanzten die weiße Lilie und die Protestanten die orangefarbene in ihre Gärten. Was für eine glückliche Welt, in der man frei und offen die Zeichen seines Glaubens in die Gärten pflanzen durfte!

Überall da, wo Blumen mit Völkern und Parteien identifiziert werden, ist die Sage am Werk. So wird (nach Shakespeare) erzählt, Herzog Richard von York und Jean Beaufort, Graf von Somerset aus dem Hause Lancaster, hätten sich im Garten des Temple in der City von London, wo die Juristen wohnten und noch immer wohnen, gestritten, wer von ihnen König sein solle. Beaufort pflückte eine rote Rose und York eine weiße als Abzeichen in einem Kriege um die Macht, der hundert Jahre dauern sollte, und in dem der alte Adel sich gegenseitig ausrottete. Heinrich Tudor wählte die Rose schließlich als Versöhnungszeichen. Seitdem heißt sie die *Tudorrose.* Eine alte Damaszenerrose, die rosa und weiße Rosen am selben Stamm trägt, heißt *York and Lancaster* und kann noch heute gepflanzt werden.

Das Distelwappen der Schotten wird folgendermaßen erklärt: Die Dänen landeten, brannten die Dörfer nieder, raubten das Vieh und töteten die Leute oder machten sie zu Sklaven. Als sie bei Nacht und Nebel das schottische Heer angreifen wollten und sich in der Dunkelheit näherten, da trat ein Däne mit seinem nackten Fuß auf eine Distel und schrie. Die Schotten wachten auf und vertrieben die Dänen, die niemals wiederkamen.

Der heilige David war ein Mönch in Wales, der von Lauch und ungesalzenem Brot lebte. Er gab den keltischen Walisern, die sich schon zum Christentum bekannten, diese Nahrung vor einer Schlacht gegen die heidnischen Sachsen. Die Waliser besiegten die Sachsen und blieben keltisch bis auf den heutigen Tag. Daher ist der Lauch das Symbol von Wales geblieben. Wunderbar, wie alle irischen Geschichten, ist die Geschichte vom Klee. St. Patrick war ein geborener Schotte. Er lebte als Sklave in Irland, lernte das Christentum kennen und wollte den großen König Laoghaire selber bekehren. Er nahm den Namen Patrizius an, was ja gewiss eine Hochstapelei war, aber er wusste, nur ein großer römischer Name würde Eindruck auf seine Hörer machen. Die königliche Halle stand in Tara in der Grafschaft Wicklow, die noch heute ein Märchenland ist. Wenn die Druiden die Rückkehr ihres Sonnengottes Beal zur Zeit des Osterfestes feierten, durfte niemand ein Feuer machen, bevor das Feuer zu Ehren des Sonnengottes auf Tara angezündet war, und zwar auf einem Stein *Lia Fail*, der später nach Scone in Schottland gebracht wurde und von dort unter den Krönungsstuhl in der Westminsterabtei geriet, von wo ihn 1952 einige schottische Nationalisten stahlen. Aber er ist jetzt wieder an der alten Stelle.

Da zündete St. Patrick zu Ehren der Auferstehung ein Feuer an. Als die Druidenpriester das sahen, stürzten sie empört zu König Laoghaire. Der König befahl, den Übeltäter herbeizubringen. Als Patrick vor ihm stand, rannte der kleine Sohn des Königs zu Patrick und küsste den Saum seines Kleides. Der König erlaubte ihm zu sprechen, und Patrick erzählte von Jesus und Gott, der die Welt geschaffen hat. Aber es war sehr schwer, die Dreieinigkeit zu erklären. Da beugte sich Patrick nieder und pflückte ein Kleeblatt: »Siehe«, sagte er, »das sind drei Blätter in einem Blatt.« König Laoghaire war überzeugt, nahm das Christentum an, und das Kleeblatt wurde zur Grundform des keltischen Kreuzes.

So viel also über Rose, Distel, Lauch und Klee im englischen Wappen.

Aber es gibt noch zwei ganz bescheidene Pflanzen, die es ebenfalls zu fürstlichen Ehren gebracht haben. Dem Herzog Gottfried von Anjou wurde in einer Schlacht der Helm mit der weißen Feder, das Zeichen für seine Leute, vom Kopfe gehauen. Er bückte sich und sah die goldenen Ginsterbüsche, steckte einen Zweig an seinen Helm und rief: *»Planta Genista, Planta Genista!«* Daher kommt der Name des Geschlechts Plantagenet, und 1234 gründete der heilige Ludwig einen Ginsterorden mit dem Motto: »Gott wird die Demütigen erheben.«

Merkwürdig berühmt wurde die Raute, deren Form dem Kreuz beim Kartenspiel als Vorbild diente. 1180 gab Friedrich Barbarossa dem ersten Herzog von Sachsen das Recht, einen Rautenkranz im Wappen zu tragen. Der erste König von Sachsen gründete dann den Orden der Rautenkrone. Man sagt, dass die Raute keusch mache.

Orden wurden in Japan erst mit der Europäisierung eingeführt. Der höchste Orden wurde der Chrysanthemum-Orden, der nächsthöhere Orden ist der Sonnen- oder Paulownia-Orden, der wieder die Blätter der Kiripflanze zeigt. Es gab ferner einen Damenorden mit einem Blumentopf und dem goldenen Vogel Hoo. Die Kaiserstandarte zeigt ebenfalls das sechzehnblättrige Chrysanthemum Hironischi.

Blumenglauben

Allen Europäern und in mancher Hinsicht sogar allen Erdbewohnern sind alte, mythische Vorstellungen von den Blumen gemein. Alt wie die Mythe ist der Glaube an die Heilkraft der Pflanzen. Jahrhundertelang waren sie die einzige Medizin. Die Schulmedizin kommt heute wieder vielfach auf den alten Kräuterglauben zurück. Von Mythen und Heilkraft sei im Folgenden, wenn auch nur ganz kurz, die Rede.

Überall glauben die Menschen, dass Blumen, die man in der Mittsommernacht pflückt, heilsam und schutzbringend seien. Das vierblättrige Kleeblatt, das bekanntlich Glück bringt, tut das auch nur, wenn es am Johannistag gepflückt wurde. Auch Kamillen müssen beim höchsten Stand der Sonne gepflückt werden, um wirksam zu sein. Der Glaube an die sogenannten Johannisblumen mag daher kommen, dass in Europa die Mehrzahl aller Blumen am 21. Juni ihren Höhepunkt erreicht hat. Der Haselzweig, der Wasser oder verborgene Schätze entdecken soll, muss zwischen elf und zwölf Uhr in der Johannisnacht geschnitten werden. Und noch geheimnisvoller ist die Springwurzel, vor der alle Türen von selber aufspringen. Und wie man diese Blume mit Hilfe eines Spechtes bekommen kann, das erzählt Jacob Grimm aus alter deutscher Überlieferung genau wie der Römer Plinius.

Alle diese Blumen werden am besten gepflückt, wenn man gefastet hat, und natürlich darf man kein Wort beim Pflücken sprechen.

Solche Blumen, aber auch Ebereschenzweige, wurden über Betten und Türen gehängt, auch über Stalltüren, um Mensch und Tier vor Krankheit, Zauberei und Unfällen zu schützen. In der Eifel wurden sie auf die Dächer geworfen, in Ostpreußen um eine Stange, den Kaupol, gewunden, bis die Ernte eingefahren war. Man tut das auch in China und Japan, um die Dämonen zu vertreiben.

Manchmal aber genügt nicht eine Pflanze, sondern man muss sieben oder gar neun Pflanzen sammeln, und man muss sie durchs Fenster oder durch die Tür ins Haus werfen, und wenn man auf ihnen schläft, dann träumt man von seinem zukünftigen Mann. Oder man kann auch aus den neun in der Johannisnacht gepflückten Blumen einen Kranz winden und ihn auf einen Baum werfen. Jedes Mal, wenn der Kranz nicht auf einem Zweig hängen bleibt, bedeutet das, dass man noch ein Jahr zu warten hat. Und noch heute ist es in England Sitte, von der höchsten Treppenstufe einen Blumenstrauß auf die Brautjungfern zu werfen. Wer ihn fängt, ist, wahrscheinlich, die nächste Braut. Die Johannisblume *(Hypericum perforatum)* war für alle diese Zwecke am beliebtesten. Man warf sie auch ins Johannisfeuer, bekränzte die Heiligen am Wege mit ihr und hängte sie auf alle Fälle noch über die Türen, um das Haus vor bösen Geistern zu bewahren. Wenn eine Hexe oder ein Zauberer in solch ein Haus trat, verblühten die Blumen sofort. In Deutschland wurde die Arnika als Johannisblume benutzt, in Frankreich der Beifuß. Aber alle gewünschten Eigenschaften besaß in höchstem Maß die Verbene, das Eisenkraut. Bevor die heidnischen Priester der Kelten, die Druiden, die Verbene oder den Mistelzweig abschnitten, brachten sie der Erde Opfer dar. Von der Verbene schreibt Bock: »So heißet nun Verbena bei uns Eisenkraut oder Eiserich, darum, dass man das Eisen damit herten thut.« Die böhmischen Wilderer wuschen ihre Gewehre in Eisenkraut, das sie nackt vor Sonnenaufgang am Mittsommertag gesammelt hatten, und sie glaubten, dass ein so behandeltes Gewehr nie sein Ziel verfehlen könne.

In der Antike bediente man sich der Christrose, um die Häuser zu heiligen und das Vieh zu segnen. Die bösen Geister wurden vertrieben, wenn man Christrosen auf den Boden streute.

Eine ganz ungewöhnliche Pflanze ist die Eberwurz, so geheißen, weil sie den vom Bilsenkraut gelähmten Ebern die Bewegung wiedergab. Tatsächlich wird sie von den Schweinen begierig beim Fressen herausgesucht. Eberwurz wird noch heute an den Trog der Hausschweine genagelt, so wie ich einen Johannisblumenkranz friedlich neben einer Fernsehantenne auf einem Dach gesehen habe. In den meisten Fällen siegt der Johannisblumenkranz. Bei Wettrennen wurde die Eberwurz den Pferden gegen Müdigkeit um den Hals gehängt und in den Hafer gemengt. Und wenn man den Tieren dreimal mit Eberwurz und Brot über den Rücken streicht, wird es gesundes Vieh. Auch die Ebereschen sollen Kraft gegen die bösen Geister besitzen, und Ebereschenzweige wurden über die Bauernhaustüren gehängt, um die Hexenkraft zu bannen.

Noch heute besteht die Sitte, beim Richtfest einen Kranz auf das Dach zu stecken. Wenn die Zimmerleute, diese treuen Bewahrer alter Traditionen, auf dem Boden mit Schnüren (daher »Schnürboden«) das Dach in wochenlanger Arbeit sorgfältig ausgelegt hatten und dann erwartungsvoll aufrichteten, ob es auch passe, und wenn es dann zur Zufriedenheit aller aufgerichtet dastand, dann wurde das Richtfest gefeiert. Ob aber der Kranz, der dann auf den First gesteckt wird, ein Aberglaubenkranz oder ein Festkranz ist, weiß ich nicht.

Ein lang gehegter Glaube war, dass das Bier sauer wird, wenn man Rosen in einen Bierkeller bringt, dass aber der Wein bei Rosenduft gedeiht.

Was die Heilkräuter angeht, so glaubte man jahrhundertelang, dass Ähnliches durch Ähnliches geheilt wird. Die Haut des Menschen wird zum Beispiel von Baumrindensäften geheilt. Die Windungen der Nüsse erinnern an das Gehirn, und Nussnahrung ist Gehirnnahrung. Die Lippenblütler heilen den Kopf.

Rosmarin, Melisse, Thymian, Salbei und Pfefferminz, alles Lippenblütler, wirken günstig auf Hals und Mund und auf die Kopfnerven. Die Darmfasern ähneln den Wurzelfasern, und Wurzeln und Rüben bekämpfen Darmkrankheiten. Sie sind Kreuzblütler, und Kreuzblütler helfen gegen tief liegende Leiden, so soll zum Beispiel das Hirtentäschel Blasen- und Gallensteine aus dem Körper treiben. Alte Namen, wie »Lungenkraut« und »Leberblümchen«, beweisen, dass man diese Pflanzen für eine Medizin gegen Lungen- oder Leberkrankheiten hielt. Ja, selbst der Name *Droge* kommt vom altgermanischen *drigan* = trocknen, und Drogen waren getrocknete Kräuter.

Was es mit alledem auf sich hat, weiß nur der Pharmakologe, aber eines ist sicher: dass die alten Gewürzkräuter äußerst gesundheitsfördernd sind. Und noch dazu geben sie den Speisen die größte Verfeinerung. Was wäre ein Bohnengemüse ohne Bohnenkraut, was Schlei ohne Dillsoße, was weißer Käse ohne Schnittlauch oder Kümmel, was Sauerkraut ohne Koriander, was ein Leberknödel ohne Majoran? Und jeder kann sie im Blumenkasten vor dem Fenster ziehen.

Editorische Notiz

Die vorliegende Ausgabe umfasst den zweiten Teil des Buches, das 1958 unter dem Titel *Kaiserkron und Päonien rot. Kleine Kulturgeschichte der Blumen* erschien.

Klassiker der Gartenliteratur
bei Schöffling & Co.

Gabriele Tergit
Der alte Garten
ISBN 978-3-89561-588-7

Klassiker der Gartenliteratur
bei Schöffling & Co.

Paula Almqvist
Mitteilungen aus meinem Garten
ISBN 978-3-89561-593-1

Paula Almqvist
Was mir blüht
ISBN 978-3-89561-596-2

Karel Čapek
Das Jahr des Gärtners
ISBN 978-3-89561-591-7

Henri Cueco
Dialog mit meinem Gärtner
ISBN 978-3-89561-594-8

Germaine Greer/Rose Blight
Heckengeflüster
ISBN 978-3-89561-592-4

Elsemarie Maletzke
Gartenglück
ISBN 978-3-89561-590-0

Klassiker der Gartenliteratur
bei Schöffling & Co.

Elsemarie Maletzke
Giftiges Grün
ISBN 978-3-89561-598-6

Beverley Nichols
Grünes Glück
ISBN 978-3-89561-595-5

Beverley Nichols
Lieblingsblumen
ISBN 978-3-89561-599-3

Charles Dudley Warner
Mein Sommer in einem Garten
ISBN 978-3-89561-589-4

Peter Würth
Alles auf Grün
ISBN 978-3-89561-597-9

Peter Würth
Grüne Liebe
ISBN 978-3-89561-597-9